*Mollie*
HACE...

# GANCHILLO

## 15 NUEVOS PROYECTOS DE LABORES, CON TÉCNICAS, TRUCOS Y CONSEJOS ÚTILES

**BLUME**

# { Contenido

# ¡Engánchate!

El ganchillo, con su aspecto un poco retro y económico, es muy representativo del moderno estilo casero y manual que nos gusta tanto a la gente creativa. Se puede remover cielo y tierra para buscar esa colcha de la abuela con el *look* perfecto o se puede animar uno a aprender esta placentera y adictiva técnica y confeccionarla uno mismo (¡recomendamos totalmente la segunda opción!). Elegir el patrón y el hilo es tan divertido como acomodarse delante del televisor para disfrutar de un momento íntimo de la manualidad. ¿Y qué decir de la emoción de hacer algo bello de lo que siempre se estará orgulloso? Bueno, todos sabemos que es un sentimiento insuperable.

Por todo ello, nos complace mucho presentar esta guía de ganchillo, llena de métodos fáciles de seguir y de labores recién salidas del horno de nuestras diseñadoras favoritas de *Mollie hace...*, como Emma Lamb o Anita Mundt. Deje que estas talentosas expertas en ganchillo compartan con usted sus años de experiencia y sus útiles consejos y anécdotas.

Como yo misma he aprendido hace poco las técnicas básicas, podré disfrutar de la lectura de este libro a la vez que ustedes.

*Lara*

Lara Watson
Editora, *Mollie Makes*

Patrones

# Trabajar con patrones

Los patrones de ganchillo pueden ser de dos tipos: escritos, en los que las vueltas necesarias para acabar la labor se indican con palabras; y gráficos, en los que el usuario se guía por un dibujo esquemático. Algunos patrones contienen las dos opciones.

## LEER UN PATRÓN ESCRITO

Para no ocupar mucho espacio, los patrones escritos hacen uso de terminología estándar y de caracteres como corchetes y asteriscos para indicar los métodos que se repiten. Se aconseja leer todo el patrón antes de comenzar una labor: saber lo que viene a continuación le ayudará a evitar errores cuando siga el método indicado.

### CORCHETES []

Los corchetes se usan cuando hace falta repetir una instrucción o cuando hay que hacer más de un punto en el mismo lugar.

### ASTERISCOS *

En ocasiones se utilizan en vez de los corchetes; también se pueden usar en conjunción con ellos. El lugar donde suele encontrarse más comúnmente un asterisco es en instrucciones del tipo de «rep. desde * hasta **», que significa que el patrón se repite desde el primer asterisco hasta el siguiente asterisco doble. Hay que asegurarse de que se trabaja a partir del asterisco correcto; como en algunos patrones se utiliza este símbolo todo el tiempo, se corre el riesgo de aplicar la repetición indicada por el asterisco equivocado. Busque siempre el primer asterisco que aparezca antes de la instrucción.

### PARÉNTESIS ()

Los paréntesis se utilizan para aportar una instrucción escrita adicional, como (cuenta como un punto) o (20 puntos hechos). También se emplean, por lo general, para informar del recuento de puntos al final de una vuelta.

### MAYÚSCULAS

Las mayúsculas suelen usarse en lugar del nombre de un color para ahorrar espacio o para evitar confusiones en caso de que decida hacer la labor con una combinación de colores distinta. Los colores pueden asignarse a letras por orden alfabético: A, B, C; también se pueden utilizar abreviaturas, como CP (para «color principal») o CC (para «color que contraste»). La letra que se utilice para describir el hilo aparecerá al lado del nombre del hilo en la lista de materiales del principio del patrón.

# ABREVIATURAS

Los patrones escritos contienen muchas abreviaturas, que pueden diferir en función de los países; compruebe siempre las abreviaturas del patrón para asegurarse de que entiende los métodos. *Véase* también una lista de abreviaturas de los puntos en la página 87. Dado que encontrará muchos patrones en el mercado en inglés, en la sección de técnicas se han incluido abreviaturas en inglés británico y estadounidense.

| | |
|---|---|
| inic. | inicio |
| CC | Color contraste |
| c. | cadena o cadeneta |
| p. c. | punto de cadeneta |
| cm | centímetro(s) |
| espacio de esquina | espacio de esquina |
| m. p. | punto bajo o medio punto |
| zmpj. | dos m. p. juntos (dism. 1 punto) |
| dism. | disminuir |
| DK | hilo fino-medio (del inglés «double knit») |
| p. a. doble | punto alto doble o de vareta |
| g | gramo(s) |
| m. p. a. | medio punto alto |
| in | pulgada(s) |

| | |
|---|---|
| aum. | aumentar |
| m | metro(s) |
| PV | piña de varetas |
| PC | color principal |
| mm | milímetro(s) |
| restantes | restantes |
| dr | derecho |
| espacio | espacio |
| p. r. | punto raso |
| pt(s). | punto(es) |
| p. a | punto alto o vareta |
| 3mpj. | tres m. p. juntos (dism. 1 punto) |
| p. a. triple | punto alto triple o de vareta |
| r | revés |
| yd | yarda(s) |

## Nota

Tenga en cuenta cuando consulte las abreviaturas en inglés de la sección de técnicas, que existen diferencias entre el inglés británico y el estadounidense, por lo que si trabaja con un patrón cuya fuente desconoce podrá resultar difícil interpretarlo. Si el patrón contiene gráficos, el problema estará resuelto, pues los símbolos son universales. *Véanse* págs. 8-9.

*Ejemplo:*

Ovillos de 50 g (155 m) de angora, tres en rosa 328 (CP) y uno en azul 301 (CC)

También podría escribirse del siguiente modo:

Ovillos de 50 g (155 m) de angora, tres en rosa 328 (A) y uno en azul 301 (B)

# TRABAJAR CON GRÁFICOS

Puede hacer falta un poco de práctica para leer un gráfico con soltura, sobre todo si se ha acostumbrado a trabajar con patrones escritos. Sin embargo, la ventaja de los gráficos es que ocupan mucho menos espacio y aportan una idea visual clara de cómo quedará la pieza de ganchillo.

## Nota

Como en el caso de las abreviaturas y la terminología, los símbolos que se utilicen pueden variar de un patrón a otro, así que compruebe la leyenda del gráfico para asegurarse de que entiende bien los métodos.

## RECONOCER GRUPOS DE PUNTOS

Notará que algunos símbolos se agrupan en forma de V. Esto indica un grupo de puntos que tienen que hacerse en el mismo espacio o punto de la vuelta anterior, lo que aumentará el número de puntos en una distancia dada.

Los símbolos siguientes indican que tienen que hacerse 2, 3, 4 o 5 puntos en un mismo espacio o punto de la vuelta anterior. Algunos símbolos indican un punto especial, como el punto de abanico.

Un símbolo con forma de uve invertida ( ∧ ) indica una serie de puntos que se trabajan parcialmente en distintas posiciones para luego completarlos pasando el hilo por todos ellos. Como los puntos se unen, esta operación disminuirá el número de puntos en un fragmento de la labor.

Los símbolos que se muestran a continuación indican que hay que trabajar juntos 3, 4 o 5 puntos. Se encuentran cuando hay que trabajar un patrón en zigzag.

## SÍMBOLOS DE PUNTOS MÁS USADOS

A continuación se muestran en un gráfico los símbolos de los puntos que con más frecuencia se utilizan.

Más abajo y a la derecha, también incluimos otros símbolos que podría encontrarse en patrones de ganchillo y que constituirán una referencia útil cuando trabaje con gráficos.

| | |
|---|---|
| Cadena o cadeneta | ⬯ |
| Punto raso, punto enano o punto corrido | ⬭ |
| Medio punto o punto bajo | + |
| Media vareta o medio punto alto | T |
| Vareta o punto alto | Ŧ |
| Vareta doble o punto alto doble | Ŧ |
| Vareta triple o punto alto triple | Ŧ |

## PIÑAS DE VARETAS, RACIMOS Y BODOQUES

Estos símbolos representan un aumento y luego una disminución de puntos, e imitan su apariencia. Algunos símbolos de piñas y racimos pueden parecer muy similares, pero un bodoque se diferencia en que tiene una forma oval en la parte superior para indicar que su extremo está abierto.

## PUNTO PICOT

El punto picot se representa mediante puntos de cadeneta (en el ejemplo de la izquierda se muestran 4) unidos con punto raso. El número de cadenetas puede variar en función del patrón.

## ARROLLADO O LINGOTE

El símbolo del punto arrollado o lingote es una línea larga con un semicírculo en su parte media. No debe confundirse este símbolo con el del punto en relieve, que va con un semicírculo en la parte inferior de la línea.

## PUNTOS VARETA CRUZADOS

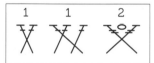

Estos símbolos indican puntos cruzados. En los ejemplos de más arriba vemos un par de puntos cruzados, un punto que se cruza sobre un par de puntos de cruzados, y un par cruzado con una cadeneta en medio.

## PUNTOS CAÍDOS

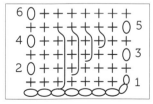

Las líneas verticales que bajan y atraviesan vueltas indican dónde debe colocarse la aguja de ganchillo para crear este punto.

## PUNTO EN RELIEVE

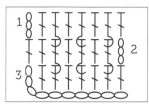

El punto en relieve se hace trabajando alrededor de la barra de un punto anterior. Este punto se indica mediante una línea vertical con un extremo curvo.

Si el extremo abierto queda a la izquierda, entonces el punto en relieve se creará en el lado por donde se está trabajando.

Si el extremo abierto queda a la derecha, entonces el punto en relieve se creará en el revés del lado por donde se está trabajando.

## TOMAR LA HEBRA DE DELANTE/ DETRÁS DEL PUNTO

El símbolo que indica que hay que tomar la hebra por detrás del punto es una línea horizontal gruesa. El que indica que hay que tomar la hebra por delante del punto es una línea horizontal más fina.

También pueden representarse por medio de medios óvalos. Si el lado abierto está en la parte inferior, solo se toma la hebra por detrás; si el lado abierto está en la parte superior, solo se toma la hebra por delante.

## CURVAS Y DISTORSIONES

Para lograr la forma de la pieza de ganchillo acabada, a menudo hace falta distorsionar los símbolos o trazar una curva en lugar de una línea recta. A veces también puede dibujarse un detalle complejo en un lateral, con una flecha que indique su posición.

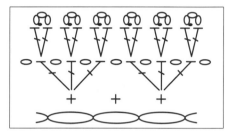

En algunos gráficos, los símbolos de cadeneta son de gran tamaño a fin de disponer de suficiente espacio para dibujar todos los símbolos y, por tanto, todos los puntos que necesita el diseño.

## SÍMBOLOS ADICIONALES

Se pueden usar flechas y números para indicar en qué dirección se ha de trabajar y qué número de vuelta se está trabajando. Los gráficos pueden contener símbolos para indicar los cambios de color o pueden imprimirse en más de un color para destacar las modificaciones.

# La tensión

La tensión la determina el tamaño de los puntos. Este aspecto debe controlarse cuidadosamente antes de comenzar un diseño, pues solo la tensión correcta garantizará el tamaño adecuado de la pieza acabada.

## MUESTRA PARA DETERMINAR LA TENSIÓN

En un patrón de ganchillo, la tensión suele expresarse como el número de puntos y vueltas de un fragmento de la labor, generalmente de 10 cm². En algunos casos, habrá que contar las repeticiones del patrón dentro de un área determinada, en lugar de los puntos individuales. Sea como sea, el patrón deberá especificar la tensión ideal. Se aconseja hacer unos pocos puntos y vueltas más de los que indique la tensión del patrón para alcanzar la tensión óptima dentro del fragmento.

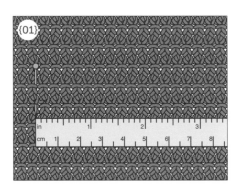

{01}

Con la aguja, el hilo y el punto adecuados para la labor que quiere realizar, cree una muestra para determinar la tensión. Luego utilice una regla de metal para medir 10 cm en sentido horizontal y marque con alfileres los extremos.

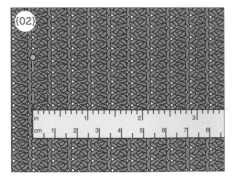

{02}

Haga lo mismo en sentido vertical. Cuente el número de vueltas y puntos que quedan entre los alfileres.

### Nota

Cuando mida la muestra, trate de usar alfileres de modista con cabezas de color; los alfileres normales se pierden de vista entre los puntos y hacen más difícil medir con precisión.

## AJUSTAR LA TENSIÓN

Si se encuentra con que tiene más vueltas o puntos que los que indica el patrón, entonces la tensión es demasiado alta y deberá utilizar un ganchillo más grande. Si tiene menos vueltas o puntos, pruebe a cambiar a un ganchillo más pequeño. Continúe haciendo muestras hasta que alcance el número correcto de puntos y vueltas.

## MOTIVOS DE PUNTO DE FANTASÍA

Mida los motivos siguiendo el principio explicado en la página anterior.

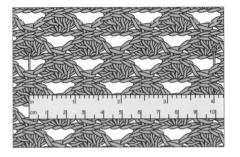

## MEDIR UN BLOQUE

La tensión de un motivo o un bloque se toma habitualmente en una pieza acabada y planchada. Como se pueden confeccionar distintas formas de motivos/ bloques, hay que saber cómo medir cada una de ellas.

**Bloque circular**
Mida por el diámetro.

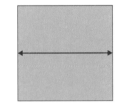

**Bloque cuadrado**
Mida por el centro, de lado a lado.

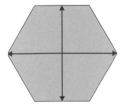

**Bloque hexagonal (seis lados)**
Mida por la parte más ancha del bloque o de lado a lado, en función de lo que requiera el patrón.

**Bloque octogonal (ocho lados)**
Mida de lado a lado o por uno de los lados, en función de lo que requiera el patrón.

**Bloque triangular**
Mida por la base.

Para el cojín con motivos solares (*véase* págs. 48-51), mida por el centro para comprobar la tensión del motivo.

# Manteles individuales con ribete y bolsillo

Dé a la mesa de comedor un animado toque retro con estos manteles individuales a los que se les ha añadido un útil bolsillo para guardar los cubiertos. Se han utilizado distintos colores de una paleta alegre, resaltada por el ribete blanco, como contraste. También pueden hacerse todos los manteles en un solo color si se prefiere.

## MATERIALES

Ovillos de 50 g de Annell Rapido, dos ovillos de cada CP (rosa 3277, amarillo 3215, cian claro 3222 y verde claro 3223), más un ovillo del CC (blanco 3260) o un hilo similar (acrílico DK)

Ganchillo de calibre 3,5 mm

Aguja de tapicería

Aguja de coser

Hilo de coser a juego

## TAMAÑO

**Mantelito:** 43 x 31 cm
**Bolsillo:** 10 x 10 cm

## TENSIÓN

16 p. a. (8 grupos de puntos en V) y 10 vueltas en 10 cm² con un ganchillo de 3,5 mm de calibre.

## TÉCNICAS

- Vueltas de punto alto (pág. 97)
- Trabajar en espacios creados por cadeneta (pág 125)
- Saltarse puntos (pág. 124)
- Crear un ribete de ganchillo en una pieza de ganchillo (pág. 130)

## ANTES DE EMPEZAR

El punto principal de los manteles es el punto en forma de V, que se crea con [1 p. a., 1 c., 1 p. a.] en el mismo espacio.

Dé la vuelta a la labor al final de cada vuelta haciendo 3 c.

Patrón de punto en V

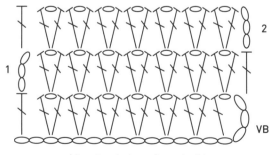

Muestra de tamaño reducido

# MÉTODO

## (01) Haga la vuelta base de los manteles:

con el CP de su elección, haga 68 c. (64 c. para la vuelta base, más 4 c., que se cuentan como 1 p. a. más 1 c.), 1 p. a. en la quinta c. contando desde la posición de la aguja, sáltese 1 c., [1 p. a., 1 c. 1 p. a. en la siguiente c., sáltese 1 c.] hasta la última c., 1 p. a. en la última c., dé la vuelta. (31 grupos de puntos en V de [1 p. a., 1 c., 1 p. a.] más 1 p. a. = 63 pts.)

**Vuelta 1:** 3 c. (se cuentan como 1 p. a.), [1 p. a., 1 c., 1 p. a.] en cada espacio de c. de la vuelta anterior y hasta el último, 1 p. a. en la tercera de 4 c. de la vuelta base (en las vueltas posteriores, haga 1 p. a. en la tercera de 3 c. de la vuelta anterior), dé la vuelta. (30 grupos de puntos en V de [1 p. a., 1 c., 1 p. a.], más 1 p. a. en cada extremo de la vuelta = 62 pts.) Rep. vuelta 1 otras 28 veces (un total de 30 vueltas). Remate y asegure el hilo.

## (02) Haga el ribete

Una el hilo CC en la esquina superior derecha y haga 2 c. (cuentan como

1 m. p. a.) y 3 m. p. a. en el espacio de la esquina. Realice el ribete haciendo 2 m. p. a. en cada espacio de c., en el borde superior. En los dos bordes más cortos, haga 2 m. p. a. en el espacio entre las 3 c. (o 1 p. a.) y el primer punto en V de cada vuelta; en el borde inferior, haga 2 m. p. a. entre cada grupo de puntos en V. Haga 4 m. p. a. en las otras tres esquinas, y acabe el ribete uniendo con p. r. en la segunda de las 2 c. iniciales. Remate y asegure el hilo.

## (03) Haga el bolsillo

**Vuelta base:** con CP, haga 22 c. (18 c. para la c. base, más 4 c., que cuentan como 1 p. a. más 1 c.), 1 p. a. en la quinta c. contando desde la posición de la aguja, sáltese 1 c., [1 p. a., 1 c., 1 p. a. en la siguiente c., sáltese 1 c.) hasta la última c., 1 p. a. en la última c., dé la vuelta. (8 grupos de puntos en V de [1 p. a., 1 c., 1 p. a.], más 1 p. a. = 17 pts.)

**Vuelta 1:** 3 c. (cuentan como 1 p. a.), [1 p. a., 1 c., 1 p. a.] en cada espacio de c. de la vuelta anterior hasta el último espacio de c., 1 p. a. en la tercera de 4 c. de la vuelta base (en las vueltas siguientes, haga 1 p. a. en la tercera de 3 c. de la vuelta anterior), dé la vuelta. (7 grupos de puntos en V de [1 p. a., 1 c., 1 p. a.], más 1 p. a. en cada final de la vuelta = 16 pts.). Rep. una vuelta 8 veces (total 10 vueltas). Corte CP y una CC.

**Vuelta 11:** 2 c. (cuentan como 1 m. p. a.) y 1 m. p. a. en el primer espacio de c. [2 p. m. a. en cada espacio de c. de la vuelta anterior]. (8 grupos de 2 p. m. a.) Remate y asegure el hilo.

## {04} Una el bolsillo al mantel

Coloque el borde inferior del bolsillo alineado con la cuarta vuelta, contada desde el borde inferior del mantel, y dejando dos grupos de puntos en V hacia dentro desde el borde derecho. Con hilo de coser de color a juego con CP, cosa el bolsillo al mantel por tres de los bordes y deje la parte superior sin coser.

## ILARIA CHIARATTI

Ilaria nació en Italia y vive en Holanda con su marido desde 2009. Comparte su inspiración para el estilismo de interiores y su trabajo de ganchillo en su blog: www.idainteriolifestyle.com. Trabaja como fotógrafa freelance para interiores y dirige su propia empresa: IDA Interior LifeStyle, una consultoría de diseño de interiores.

## Historia

A menudo invito a amigos a casa para almorzar los domingos, pues nos gusta charlar y cocinar juntos. Pensé que estos manteles individuales podrían ser un modo ideal de animar nuestras comidas. Los hice de cuatro tonos distintos para que cada uno pudiera elegir su color favorito. Como están confeccionados con hilo acrílico, se pueden lavar a máquina, y el detalle del bolsillo para los cubiertos es muy práctico.

# Flores variadas

Seguro que las flores se convertirán en su motivo favorito de ganchillo: no solo son divertidas y rápidas de hacer, sino también muy versátiles. Tanto si teje cada pétalo y cada hoja de manera individual para hacer una aplicación como si crea motivos tridimensionales más realistas, las flores se pueden usar para decorar cualquier objeto, desde colchas hasta un vestido de niña o un bolso.

## MATERIALES

Consulte los métodos de cada flor que aparecen en las páginas siguientes para conocer los detalles sobre los hilos usados.

Ganchillo de calibre 2,5 mm y 3 mm

Aguja de tapicería

## TENSIÓN

No es esencial una tensión precisa para estas labores.

## TÉCNICAS

- Trabajar en redondo (pág. 102)
- Hacer un aro de cadeneta (pág. 102)
- Hacer puntos en el centro del aro (pág. 103)
- El método del aro deslizado para empezar una vuelta (pág. 104)
- Aumentar alrededor del aro (pág. 106)
- Unir nuevo hilo (pág. 107)
- Realizar un motivo multicolor (pág. 107)
- Hacer racimos (pág. 120)
- Trabajar en espacios creados por cadeneta (pág. 125)

## Historia

Diseñar y hacer flores de ganchillo es un proceso muy estimulante que ofrece incontables posibilidades de formas, colores y combinaciones de puntos. Para estas decorativas flores, he trabajado con una paleta de rosas y naranjas, mezclados con tonos neutros de gris y crema. Para los propios motivos de las flores, me he limitado a coger el ganchillo y empezar a crear puntos. A veces la libertad de un diseño sin planificar puede conducir a resultados muy bonitos.

# MÉTODO:
# PÉTALOS ONDULADOS

## OVILLOS NECESARIOS

Ovillos de 50 g (155 m) de DMC Natura Just Cotton, uno de color marfil Ivory 02 (A), otro color arena Sable 03 (B), otro de color terracota Terracotta 40 (C) y otro rosa claro Rose Layette 06 (D), o un hilo similar (de 4 hebras y 100 % algodón).

## TAMAÑO (DIÁMETRO)

7,5 cm

Original versión del tradicional motivo de la rosa irlandesa. El diseño se realiza en fases y se compone de tres capas de pétalos de distintos colores. Cada capa es una bonita flor en sí misma.

### (01) Haga la flor

**Aro de base:** con el hilo A y un ganchillo de 3 mm, 5 c., p. r. para formar el aro.

**Vuelta 1:** 3 c. (se cuentan como 1 p. a.), 11 p. a. en el aro, p. r. en la tercera de 3 c. (12 p. a.)

**Vuelta 2:** 1 c., 1 m. p. en el mismo espacio que el p. r. de unión, [5 c., sáltese 1 p., 1 m. p. en el siguiente pt.] cinco veces, 5 c., p. r. en el primer m. p. Remate.

**Capa 1:** una el hilo B en cualquiera de los espacios de 5 c., *4 c. (se cuentan como 1 p. a. y 1 c.), [1 p. a., 1 c.] doce veces en el mismo espacio de c., 3 c., p. r. en el mismo espacio de c., p. r. en el siguiente espacio de c., rep. desde * cinco veces (para 6 pétalos). Remate.

**Capa 2:** trabaje con el hilo C por detrás de la primera vuelta de pétalos, una el hilo a la cadena base entre el sexto y el séptimo p. a. de cualquier pétalo, 8 c. [1 m. p. a. entre el sexto y el séptimo p. a. del siguiente pétalo, 6 c.] cinco veces, p. r. en la segunda de 8 c., *p. r. en el siguiente espacio de c., 4 c. (se cuentan como 1 p. a. y 1 c.), [1 p. a., 1 c.] 16 veces en el mismo espacio de c., 3 c., p. r. en el mismo espacio de c., rep. desde *

cinco veces (para hacer seis pétalos). Remate.

**Capa 3:** trabaje con el hilo D por detrás de la primera vuelta de pétalos, una el hilo a la cadena de base entre el octavo y el noveno p. a. de cualquier pétalo, 10 c., [1 m. p. a. entre el octavo y el noveno p. a. del siguiente pétalo, 6 c.] cinco veces, p. r. en la segunda de 10 c., *p. r. en el siguiente espacio de c., 4 c. (se cuentan como 1 p. a. y 1 c.), [1 p. a., 1 c.] 21 veces en el mismo espacio de c., 3 c., p. r. en el mismo espacio de c., rep. desde * cinco veces (para seis pétalos). Remate.

## EMMA LAMB

Emma Lamb, diseñadora textil y autora de un blog, vive en Edimburgo, Escocia. El color es su mayor inspiración; Emma busca incansablemente bellas paletas con las que trabajar. Los tonos apagados *vintage* y las combinaciones retro están entre sus favoritos, y le encantan todas las cosas con un toque «chic de abuela». Visite su blog para averiguar más cosas: emmallamb.blogspot.co.uk

# MÉTODO:
## FLOR DE APLICACIÓN

### OVILLOS NECESARIOS

Ovillos de 100 g (200 m) de DMC Petra 3 Crochet Cotton, uno de color beige Beige 5712 (A), otro gris Grey 5646 (B) y otro color salmón Salmon Pink 5352 (C), o un hilo similar (de 2 hebras y algodón mercerizado)

### TAMAÑO (DIÁMETRO)

Flor de aplicación de pétalos redondeados:

9 cm

Flor de aplicación de pétalos en punta:

10 cm

Este diseño presenta tres motivos de ganchillo muy sencillos que podrían combinarse de distintos modos para crear una gama de bonitos patrones florales para aplicación.

{01} Haga el centro de la flor de los pétalos en punta

**Vuelta 1:** con el hilo A y un ganchillo de 2,5 mm, haga un aro deslizado, 1 c., 1 m. p., 7 m. p. a. en el aro, cierre el aro.

**Vuelta 2:** dism. haciendo 2 m. p. a. en cada uno de los siguientes 8 pts., 1 m. p. a., 1 m. p., una la vuelta con p. r. Remate.

**Vuelta 3:** una el hilo B en cualquier pt., 1 c., [1 m. p. en el siguiente pt., 2 m. p. en el siguiente pt.] ocho veces, p. r. en el primer m. p. Remate.

{02} Haga los pétalos en punta (7)

Con el hilo C, 13 c.; comenzando en la segunda c. contando desde la posición de la aguja, haga 1 m. p., 1 m. p. a., 1 p. a., 6 p. a. dobles, 1 p. a., 1 m. p. a., 1 m. p. sobre 12 c.; para la punta de la flor, haga 3 c. y 1 m. p. en la primera de estas 3 c.; dé la vuelta y haga la segunda mitad del pétalo con 1 m. p., 1 m. p. a., 1 p. a., 6 p. a. dobles, 1 p. a., 1 m. p. a., 1 m. p. sobre 12 c. Remate.

{03} Haga el centro de la flor de los pétalos redondeados

Haga igual que para la flor de los pétalos en punta, con el hilo A para las vueltas 1-2 y con el hilo C para la vuelta 3.

{04} Haga los pétalos redondeados (9)

Con el hilo 1, 9 c.; comenzando en la segunda c. contando desde la posición de la aguja, haga 3 m. p., 2 m. p. a., 2 p. a. sobre 7 c.; para la punta redondeada, haga 9 p. a. en la última c.; haga la segunda mitad del pétalo con 2 p. a., 2 m. p. a., 2 m. p., pr., remate.

{05} Acabe las flores

Asegure los hilos sueltos entretejiéndolos. Busque la labor perfecta para aplicarle las flores terminadas.

# MÉTODO: MARGARITA

## OVILLOS NECESARIOS

Ovillos de 50 g (155 m) de DMC Natura Just Cotton, uno rosa Rose Layette 06 (A), otro de color azafrán Safran 47 (B) y otro de color marfil «Ivory 02» (C), o un hilo similar (de 4 hebras y 100 % algodón)

## TAMAÑO (DIÁMETRO)

6 cm

### (01) Haga la flor

**Aro de base:** con el hilo A y un ganchillo de 3 mm, 6 c., pr. para formar el aro.

**Vuelta 1:** 3 c. (se cuenta como 1 p. a.), 15 p. a. en el aro, p. r. en la tercera de 3 c. Remate. (16 p. a.)

**Vuelta 2:** una el hilo B en cualquier pt., 1 c., 2 m. p. en cada pt. (32 m. p.), p. r. en primer m. p. Remate.

**Vuelta 3:** una el hilo C en cualquier pt., [5 c., racimo de 3 p. a. triple sobre los siguientes pts., 5 c., p. r. en el siguiente pt.] ocho veces (se hacen 8 pétalos); haga el siguiente p. r. en el mismo espacio donde unió el hilo C. Remate y asegure los hilos sueltos entretejiéndolos.

# MÉTODO: PÉTALOS DE BUCLES

## OVILLOS NECESARIOS

Ovillos de 50 g (155 m) de DMC Natura Just Cotton, uno rosa Rose Layette 06 (A), otro de color ágata Agatha 44 (B) y otro de color terracota Terracotta 40 (C), o un hilo similar (de 4 hebras y 100 % algodón)

## TAMAÑO (DIÁMETRO)

7 cm

### (01) Haga la flor

**Aro de base:** con el hilo A y un ganchillo de 3 mm, 8 c., p. r. para formar el aro.

**Vuelta 1:** 3 c. (se cuenta como 1 p. a.), 21 p. a. en el aro, p. r. en la tercera de las 3 c. Remate. (22 p. a.)

**Vuelta 2:** una el hilo B en cualquier pt., [8 c., sáltese 1 pt., p. r. en el siguiente pt.] once veces, haga el último p. r. en el mismo pt. donde unió el hilo de este color.

**Vuelta 3:** 10 m. p. en cada espacio de 8 c. para hacer once pétalos, p. r. en el primer m. p. Remate.

**Vuelta 4:** trabajando por detrás de la primera vuelta de pétalos, una el hilo C en cualquiera de los pt. no usados del centro rosa, [12 c., p. r. en los siguientes pt. libres del centro rosa] once veces, haga los últimos p. r. en el mismo pt. donde unió el hilo de este color.

**Vuelta 5:** [5 m. p., 5 m. p. a., 5 m. p.] en cada uno de los 12 espacios de c. para hacer once pétalos, p. r. en el primer m. p. Remate. Asegure los hilos sueltos entretejiéndolos.

*Derecha:* Esta flor se confecciona con un motivo central y dos vueltas de diferentes colores con pétalos de bucles añadidos.

*Derecha:* La altura de los pétalos blancos de este diseño se crea con puntos altos triples (*véase* pág. 99).

# MÉTODO: FLOR TROPICAL

## OVILLOS NECESARIOS
Ovillos de 100 g (280 m) de DMC Petra 3 Crochet Cotton, uno naranja Orange 5722 (A), otro de color beige Beige 5712 (B), otro de color amarillo claro Pale Lemon 53901 (C), otro de color verde Green 5907 (D) y otro verde claro Ligth Green 5772 (E), o un hilo similar (de 2 hebras de algodón mercerizado)

## TAMAÑO (DIÁMETRO)
6 cm con hojas de 4 cm en el lado más largo

### (01) Haga la flor
**Aro de base:** con el hilo A y un ganchillo de 2,5 mm, 5 c., p. r. para formar el aro.

**Vuelta 1:** 1 c., 10 m. p. en el aro, pr. en el primer m. p.

**Vuelta 2:** 6 c., [sáltese 1 pt., 1 m. p. a. en el siguiente pt., 4 c.] cuatro veces, p. r. en la segunda de 6 c., remate.

**Vuelta 3:** una el hilo B en cualquier espacio de c., 1 c., 8 m. p. en este y todos los espacios de c., p. r. en el primer m. p.

**Vuelta 4:** [1 c., 1 m. p. a. en el mismo espacio donde hizo p. r., aum. haciendo 2 m. p. a. en los siguientes 6 pts., 1 m. p. a. en el siguiente pt., 1 c., p. r. en siguiente pt.] cinco veces, haga el último p. r. en la base del primer pt. de esta vuelta (esto constituye el comienzo de cada pétalo). Remate.

**Vuelta 5:** con el hilo C, haga separadamente cada uno de los cinco pétalos del modo siguiente: una el hilo

El efecto tridimensional se crea con vueltas de densas puntadas de aumento, lo que hace que la labor se rice en forma de pétalo.

en el primer m. p. a. de cualquier pétalo, 1 c., 1 m. p. a. en el mismo espacio donde unió el hilo, [1 m. p. a., 1 p. a.] en el siguiente pt., aum. en los siguientes 10 pt. con p. a., [1 p. a., 1 m. p. a.] en el siguiente pt., dé la vuelta. (26 pts. por cada pétalo)

**Vuelta 6:** *1 c., sáltese el primer pt. y haga 1 m. p. en los siguientes 25 pts., p. r. en el

último pt., rep. desde * para los pétalos restantes. Remate. Asegure los hilos sueltos entretejiéndolos.

### (02) Haga las hojas (para hacer 3)
Haga una hoja con el hilo D y dos hojas con el hilo E trabajando cada una como hizo en el caso de los pétalos acabados en punta (*véase* pág. 19).

# MÉTODO: FLOR ONDULADA DE DOBLE CAPA

### OVILLOS NECESARIOS

Ovillos de 100 g (280 m) de DMC Petra 3 Crochet Cotton, uno beige Beige 5712 (A), otro naranja Orange 5722 (B), otro amarillo claro Pale Lemon 53901 (C) otro rosa Pink 5149 (D), otro verde Green 5907 (E) y otro verde claro Light Green 5772 (F), o un hilo similar (de 2 hebras de algodón mercerizado).

### TAMAÑO (DIÁMETRO)

6 cm con hojas de 4 cm en el lado más largo

### (01) Haga el motivo de la flor inferior

**Aro de base:** con el hilo A y un ganchillo de 2,5 mm, 5 c., p. r. para formar el aro.

**Vuelta 1:** 3 c. (cuentan como 1 p. a.), 11 p. a. en el aro, p. r. en la tercera de 3 c. (12 p. a.).

**Vuelta 2:** 3 c. (cuentan como 1 p. a.), 1 p. a. en el mismo espacio, aum. haciendo 2 p. a. en los siguientes 11 pts., p. r. en la tercera de 3 c., remate, (24 p. a.)

**Vuelta 3:** una el hilo B en cualquier pt., *8 c., comenzando en la segunda c. desde la posición de la aguja, haga [1 m. p., 1 m. p. a., 4 p. a., 1 m. p. a.] sobre 7 c., p. r. en el siguiente pt. del centro beige, rep. desde * 23 veces (para hacer 24 pétalos), último p. r. en el mismo espacio donde unió este color, remate. Asegure los hilos sueltos entretejiéndolos.

### (02) Haga el motivo de la flor superior

**Aro de base:** con el hilo C, 5 c., p. r. para formar el aro.

**Vuelta 1:** 6 c. [1 p. a. doble en el aro, 2 c.] nueve veces, p. r. en la cuarta de 6 c., remate dejando una cola de hilo lo bastante larga como para coser juntos los dos motivos.

**Vuelta 2:** una el hilo D en cualquier espacio de 2 c., *6 c. comenzando en la segunda c. desde la posición de la aguja, haga [1 m. p., 1 m. p. a., 2 p. a. 1 m. p. a.] sobre 5 c., p. r. en el siguiente espacio de c. del centro de color limón claro, haga otro pétalo en este mismo espacio de c. (para hacer 2 pétalos), rep. desde * nueve veces (para hacer 2 pétalos), remate. Asegure los hilos sueltos entretejiéndolos.

### (03) Monte la flor

Coloque el motivo de la flor superior sobre el motivo de la flor inferior y alinéelos con el centro. Usando la cola de hilo del motivo de la flor superior, cosa a mano los dos motivos juntos con punto de bastilla en la base de los pétalos. Remate y asegure los hilos sueltos.

### (04) Haga las hojas (para hacer 3)

Haga dos hojas con el hilo E y una hoja con el hilo F. Trabaje como en el caso del pétalo acabado en punta (*véase* pág. 19).

Esta labor se hace con dos flores de ganchillo separadas que se colocan una encima de la otra y se cosen; la fotografía de la derecha muestra la flor por detrás.

# MÉTODO:
## FLORES DE MOLINETE

### OVILLOS NECESARIOS
Ovillos de 50 g (155 m) de DMC Natura
Just Cotton, uno de color terracota
Terracotta 40 (A), otro de color marfil
Ivory 02 (B) y otro color arena
Sable 03 (C), o un hilo similar
(de 4 hebras de algodón 100 %)

### TAMAÑO (DIÁMETRO)
7,5 cm

**(01) Haga los centros de las flores
(para hacer 3)**

**Aro de base:** con el hilo A y un ganchillo
de 3 mm, 5 c., p. r. para formar el aro.
**Vuelta 1:** 1 c., 10 m. p. en el aro, p. r. en
el primer m. p., remate.

**(02) Haga los pétalos**

Los pétalos de estas tres flores se tejen
individualmente de la manera siguiente:
Una el hilo en cualquier pt., 2 c., 3 p. a.
en el mismo espacio, dé la vuelta.
2 c., aum. haciendo 2 p. a. en los siguientes
3 pts., dé la vuelta.
2 c., 6 p. a., dé la vuelta.
2 c., 2 p. a. juntos tres veces sobre 6 pts.,
dé la vuelta.
2 c., racimo de 3 p. a. sobre los siguientes
3 pts. para dism. a 1 pt., 2 c., p. r. en el mismo
espacio que el último pt. dism. Remate y
asegure los hilos sueltos entretejiéndolos.

Para la flor de cinco pétalos, utilice el hilo B
y haga cinco pétalos, uno en cada segundo
punto del centro naranja. Rep. para la flor

gris de cinco pétalos utilizando el hilo C.
Para la flor de 10 pétalos, teja un pétalo en
cada punto del centro naranja alternando
entre el hilo B y el C.

Cada uno de los pétalos de este diseño
se trabaja individualmente; el efecto
tridimensional se crea con aumentos
y disminuciones de puntos.

# Colchas infantiles

Abrigue a un niño soñoliento con una colcha calentita adornada con un ribete de ganchillo. Elija tonos pasteles que hagan juego con un color del estampado de la tela de la colcha para crear un diseño suave y armonioso. Estos ribetes de ganchillo son sencillos de hacer. Solo se necesitan dos vueltas.

## MATERIALES

Una pieza de 76 x 88 cm de tela robusta de algodón (más una pieza del mismo tamaño para el forro, si se desea) o una colcha infantil ya confeccionada para añadirle el ribete

Marcador de tela lavable

Regla

Aguja de zurcir grande y bien afilada

Ovillo de 50 g de algodón o mezcla de algodón, de 4 hebras, en color pastel que armonice con la tela de la colcha

Ganchillo de calibre 4 mm

## TAMAÑO

79 x 92 cm, incluido el ribete

## TENSIÓN

No se necesita una tensión precisa en estas labores.

## TÉCNICAS

- Punto de festón alrededor del borde de la tela (pág. 135)
- Crear un ribete de ganchillo en una pieza de tela (pág. 133)
- Hacer un ribete de concha (pág. 132)
- Hacer un ribete de picot (pág. 133)
- Hacer punto de red (pág. 126)

## ANTES DE EMPEZAR

La diseñadora Beata Basik utilizó telas de su propio almacén para hacer las colchas infantiles de esta labor. Combinó telas de algodón o de mezcla de algodón de peso medio, de vivos estampados florales, cuadros escoceses de colores alegres y animados lunares, con un tono complementario de felpilla de algodón. Eligió para el ganchillo un hilo DK de algodón o mezcla de algodón a tono con las telas para crear una paleta armoniosa y relajante, apropiada para una colcha infantil.

## Historia

Decidí usar algodón e hilos de mezcla de algodón para tejer los ribetes porque combinaban bien con las telas de algodón y mezcla de algodón de las colchas, lo que también hace que estas sean lavables. Los hilos que utilicé son DMC Natura Crochet Cotton, Rowan Fine Milk Cotton (una mezcla de algodón con proteína de leche), Debbie Bliss Ecobaby Fairtrade Collection (algodón de comercio justo y algodón orgánico) y Annell Cotton 8.

# MÉTODOS

## (01) Punto de festón alrededor de la tela

Dé las puntadas de festón de manera uniforme alrededor de la tela para garantizar que el ribete de ganchillo quede recto. Puede intentar hacerlo a ojo o puede marcar las posiciones de las puntadas con un marcador lavable y una regla. Las marcas de estas colchas se situaron a 12 mm; se hicieron 70 a lo largo de los lados largos, y 58, a lo largo de los lados cortos.

Puede que sea difícil hacer punto de festón alrededor de toda la pieza con el mismo hilo, así que pruebe a hacerlo en dos o tres secciones con un nuevo fragmento de hilo cada vez.

Enhebre el hilo en una aguja de zurcir bien afilada que pueda penetrar fácilmente el tejido. Junte los dos extremos del hilo enhebrado y haga un nudo para coser con hilo doble. Compárelo con la pág. 135, donde se muestran puntadas de festón con hilo sencillo. Comience desde un punto cercano a la esquina para no empezar y acabar justo en ella. Siga dando una puntada de festón en cada marca asegurándose de que no queden ni demasiado apretadas ni demasiado flojas; deben tener un poco de holgura para que se pueda pasar bien el ganchillo a través de ellas.

Asegúrese de que el hilo con el que da las puntadas no esté retorcido; puede que le parezca una labor lenta por la longitud del hilo, pero el resultado final vale la pena.

Después de dar la puntada en la última marca anterior a la esquina, haga la siguiente justo en la esquina de modo

Ribetes de colchas infantiles:
• concha (esta página)
• encaje (pág. siguiente, izquierda)
• picot (pág. siguiente)

que la cubra en sentido diagonal. Gire la colcha y efectúe la siguiente puntada en la primera marca del siguiente lado. Dé la puntada anterior y la posterior a la de la esquina algo más floja que las demás, pues en ellas hará más puntos de ganchillo. Siga cosiendo alrededor de toda la pieza y cuando acabe, remate.

## {2} Haga el ribete de concha

**Vuelta 1:** comience cerca de una esquina, una el hilo a la parte superior de la puntada de festón con un p. r. Haga 1 c. Haga 2 m. p. en la misma puntada de festón; siga haciendo 2 m. p. en cada una de las siguientes puntadas de festón hasta llegar a la primera esquina de la colcha. Trabaje con una tensión ligeramente inferior para que los dos m. p. entren bien en las puntadas de festón sin tirones. En la primera esquina, haga 4 m. p. en las dos puntadas de festón (las dos puntadas separadas por la puntada diagonal). Ahora debería tener 8 m. p. en la esquina. Gire la labor y continúe

haciendo 2 m. p. en todas las puntadas de festón a lo largo de los lados, y 4 m. p. en cada una de las puntadas anterior y posterior a la de la esquina, hasta completar todo el borde. Una el hilo al comienzo de la vuelta haciendo un p. r. en el primer m. p. El número total de pts. debe ser divisible por 4.

**Vuelta 2:** *sáltese 1 m. p., haga 5 p. a. en el siguiente m. p., sáltese 1 m. p., p. r. en el siguiente m. p., rep. desde * alrededor de toda la colcha. Cuando llegue a la última concha, justo antes del punto de partida, haga lo mismo que se ha indicado más arriba, solo que deberá acabar haciendo el p. r. en el primer m. p. (de la vuelta 1), uniendo así el principio de la vuelta al final. Remate y asegure los hilos sueltos entretejiéndolos.

## {3} Haga el ribete de encaje

**Vuelta 1:** haga lo mismo que en el caso del ribete de concha.

**Vuelta 2:** 4 c., sáltese 1 m. p., haga 1 m. p. a. en el siguiente m. p., *2 c., sáltese 1 m. p., haga 1 m. p. a. en el siguiente m. p., rep. desde * alrededor de toda la colcha. Cuando llegue al último punto de encaje justo antes del punto de partida, haga lo mismo que se ha indicado más arriba, pero, en lugar de hacer 1 m. p. a., haga 1 p. r. en la segunda c. de las 4 c. del principio de la vuelta, uniendo así el comienzo y el final de la vuelta.

Remate y asegure los hilos sueltos entretejiéndolos.

## {4} Haga el ribete de picot

**Vuelta 1:** haga lo mismo que en el caso de ribete de concha.

**Vuelta 2:** 3 c., p. r. en el primer m. p., 4 c., p. r. en el mismo m. p., 4 c., p. r. en el mismo m. p., 3 c., p. r. en el mismo m. p., p. r. en los siguientes 4 m. p., *3 c., p. r. en el mismo m. p., 4 c., p. r. en el mismo m. p, 4 c., p. r. en el mismo m. p., 3 c., p. r. en el mismo m. p., p. r. en los siguientes 4 m. p., rep. desde * por toda la colcha. Cuando llegue al último grupo de 4 p. r. justo antes del punto de partida, haga los últimos p. r. en el primer m. p. (de la vuelta 1), uniendo así el principio y el final de la vuelta.

Remate y asegure los hilos sueltos entretejiéndolos.

## {5} Planche para acabar

Cuando acabe el ribete, si nota que se le riza demasiado (lo que puede suceder sobre todo con el ribete de picot), plánchelo a baja temperatura para definir mejor el motivo del ribete y que quede plano. Asegúrese de no plancharlo a una temperatura demasiado alta para que el hilo no pierda la textura. Compruebe con antelación que el hilo pueda plancharse sin problema.

## BEATA BASIK

Al crecer con una abuela costurera y un abuelo artesano, a Beata siempre le atrajeron las labores. Hoy, con cuatro hijos, está muy ocupada en su día a día, pero nunca se siente realizada si no trastea un poco con los hilos y las telas. Para averiguar adónde le llevan estas incursiones, visite su blog Rose Hip (rosehip.typepad.com), o pásese por su tienda Etsy (www.etsy.com/rose/rosehip).

# Tres muñecas rusas

Estas tres muñecas rusas están pensadas para formar un grupo. Sus cuerpos y sus cabezas estan hechas en una sola pieza, y se rellenan con pesos de manera que se aguanten de pie correctamente. Los chales y las caras se añaden posteriormente, y con el chal se oculta la unión entre el cuerpo y la cabeza. Los detalles decorativos están hechos con un ganchillo ligeramente más pequeño

## MATERIALES

Ovillos de 50 g (155 m) de DMC Natura Just Cotton, de color azul Aquamarine 25 (A), rojo Passion 23 (B), rosa claro Topaze 19 (C), marfil Ivory 02 (D), amarillo Tournesol 16 (F) y azul claro Bleu Layette 05 (G) o un hilo similar (de 4 hebras y algodón 100 %)

Ovillo de 100 g (400 m) de DMC Petra Crochet Cotton Perle núm. 5 en marrón oscuro Dark Brown 5938 (E), o un hilo similar (de 4 hebras de algodón 100 %)

Una madeja de (8 m) DMC Mouliné Stranded Cotton en negro Black 310 o un hilo similar (hilo de bordar de algodón)

Ganchillos de calibre 2,5 mm y 3 mm

Marcadores de puntos y aguja de tapicería

Relleno de poliéster, gránulos de polipropileno, cartón para las bases de las muñecas, cola de adhesivo vinílico, unas medias viejas

## TAMAÑO

**Muñeca grande:** aprox. 15 cm de altura
**Muñeca mediana:** aprox. 13,5 cm de altura
**Muñeca pequeña:** aprox. 12 cm de altura

## TENSIÓN

No se necesita una tensión precisa en esta labor. Trabaje siguiendo las indicaciones de medidas del patrón.

## TÉCNICAS

- Método del aro deslizado para empezar una vuelta (pág. 104)
- Hacer formas tubulares (pág. 111)
- Trabajar por detrás del punto (pág. 119)
- Hacer un ribete de picot (pág. 133)
- Bordado de superficie (pág. 134)
- Ganchillo de superficie (pág. 135)

## ANTES DE EMPEZAR

Las muñecas se confeccionan desde la base hacia arriba. La base se hace con una pieza circular de ganchillo y la parte principal del cuerpo se trabaja en espiral.

A la labor se le da forma con disminuciones de 2 m. p. juntos: hacer dos m. p. juntos en los siguientes dos puntos (disminución de un punto).

Recuerde que en algunos métodos tendrá que trabajar por detrás del punto (*véase* pág. 119), lo que creará una cresta visible en el lado del derecho y ayudará a formar una buena base plana.

Una cosa que me encanta del diseño de objetos decorativos es añadir los detalles al final, así que me apliqué mucho para adornar estas muñecas. Merece la pena invertir tiempo adicional en las caras, pues son las que dan el carácter al grupo. Es mejor no hacer las caras hasta el final para poder trabajar en ellas al mismo tiempo y que las proporciones queden bien. Algo que ayuda a darles un aspecto adorable es espaciar los ojos un poco más de lo normal. ¡Pruébelo!

# MÉTODO: MUÑECA GRANDE

## {01} Haga la cabeza y el cuerpo

Comience haciendo la base:
con el hilo A y un ganchillo de 3 mm, 4 c., dejando una cola de hilo de 30 cm de longitud, p. r. en la primera c. para unir.

**Vuelta 1:** 1 c., 6 m. p. en el aro, p. r. en la primera c. para unir. (6 pts.)

**Vuelta 2:** 1 c., 2 m. p. en cada pt., p. r. en la primera c. para unir. (12 pts.)

**Vuelta 3:** 1 c., *1 m. p. en el siguiente pt., 2 m. p. en el siguiente pt., rep. desde * cinco veces, p. r. en la primera c. para unir. (18 pts.)

**Vuelta 4:** 1 c., *2 m. p., 2 m. p. en el siguiente pt., rep. desde * cinco veces, p. r. en la primera c. para unir. (24 pts.)

**Vuelta 5:** 1 c., *3 m. p., 2 m. p. en el siguiente pt., rep. desde * cinco veces, p. r. en la primera c. para unir. (30 pts.)

**Vuelta 6:** 1 c., *4 m. p., 2 m. p. en el siguiente pt., rep. desde * cinco veces, p. r. en la primera c. para unir. (36 pts.)

**Vuelta 7:** 1 c., *5 m. p., 2 m. p. en el siguiente pt., rep. desde * cinco veces, p. r. en la primera c. para unir. (42 pts.)

**Vuelta 8:** 1 c., *6 m. p., 2 m. p. en el siguiente pt., rep. desde * cinco veces, p. r. en la primera c. para unir. (48 pts.)

**Vuelta 9:** 1 c., y tomando solo la hebra de atrás de los pts. de la vuelta anterior, hacer 1 m. p. en cada pt. No cierre la vuelta con un p. r.

Haga el cuerpo:
A partir de ahora, no cierre las vueltas con un p. r.: continúe trabajando en espiral. Podría ser útil marcar el primer pt. de la vuelta con un marcador de puntos.

**Vuelta 10:** (tomando las dos hebras del punto) *2 p. m. en el siguiente pt., 11 m. p., rep. desde * tres veces. (52 pts.)

**Vueltas 11 y 13:** 1 m. p. en cada punto hasta el final de la vuelta.

**Vuelta 12:** *2 m. p. en el siguiente pt., 12 m. p., rep. desde * tres veces. (56 pts.)

**Vuelta 14:** *2 m. p. en el siguiente pt., 13 p. m., rep. desde * tres veces. (60 pts.)

**Vuelta 15:** 2 m. p. en cada punto hasta el final de la vuelta.
Rep. la vuelta 15 hasta que el cuerpo mida 3,5 cm de altura.

Ponga cartulina en la base para hacerla más rígida: recorte un círculo de cartulina del tamaño de la base. Perfore un orificio en el centro con una aguja (*véase* la ilustración). Pegue el círculo en la base con cola de adhesivo vinílico asegurándose de hacer pasar la cola de hilo por el orificio central hacia el lado del derecho y que no se quede atrapada bajo el círculo.

Continúe haciendo el cuerpo:

**Siguiente vuelta:** *2 m. p. juntos, 13 m. p., rep. desde * tres veces. (56 pts.)

**Siguiente vuelta:** 1 m. p. en cada pt. hasta el final de la vuelta.

**Siguiente vuelta:** *2 m. p. juntos, 12 m. p., rep. desde * tres veces. (52 pts.)

**Siguiente vuelta:** 1 m. p. en cada pt. hasta el final de la vuelta.

**\*\*Siguiente vuelta:** *2 m. p. juntos, 11 m. p., rep. desde * tres veces. (48 pts.)

**Siguiente vuelta:** 1 m. p. en cada pt. hasta el final de la vuelta.

**Siguiente vuelta:** *2 m. p. juntos, 10 m. p., rep. desde * tres veces. (44 pts.)

**Siguiente vuelta:** 1 m. p. en cada pt. hasta el final de la vuelta.

**Siguiente vuelta:** *2 m. p. juntos, 9 m. p., rep. desde * tres veces. (40 pts.)

**Siguiente vuelta:** 1 m. p. en cada pt. hasta el final de la vuelta.

**Siguiente vuelta:** *2 m. p. juntos, 8 m. p., rep. desde * tres veces. (36 pts.)

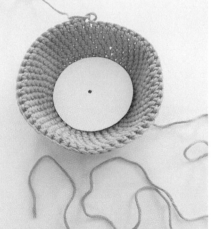

**Siguiente vuelta:** 1 m. p. en cada pt. hasta el final de la vuelta. ** Rep. última vuelta dos veces más.
Remate.

Estabilice el cuerpo poniéndole un peso: Vierta gránulos de polipropileno en el pie de unas medias viejas y haga un nudo para crear una bola que encaje dentro del cuerpo. Enhebre la larga cola de hilo de la base en una aguja de tapicería y pásela por el orificio central de la base hacia el lado del revés (*véase* la ilustración de la pág. anterior). Páselo por el centro de la bola de gránulos y luego otra vez por la bola hacia abajo de modo que los dos extremos salgan por el mismo sitio. Vuelva a meter la aguja por el centro de la pieza de cartulina que forma la base de la tarjeta de dentro afuera. Tire bien para que la bola de gránulos se asiente sobre la base y asegure el hilo entretejiéndolo en la base.

Rellene el cuerpo firmemente con relleno de poliéster.

Ahora haga la cabeza:
Una el hilo B y haga la primera vuelta de m. p.
**Siguiente vuelta:** *2 m. p. en el siguiente pt., 8 m. p., rep. desde * tres veces. (40 pts.)
**Siguiente vuelta:** 1 m. p. en cada pt. hasta el final de la vuelta.
**Siguiente vuelta:** *2 m. p. en el siguiente pt., 9 m. p., rep. desde * tres veces. (44 pts.)
**Siguiente vuelta:** 1 m. p. en cada pt. hasta el final de la vuelta.
Rep. la última vuelta otras tres veces. Tomando el inicio actual de la vuelta como la parte de «atrás» de la muñeca, dele la vuelta para que se muestre la parte «frontal» y marque los 10 pts. centrales con dos marcadores (*véase* la ilustración). Haga 1 m. p. en cada pt. hasta el pt. del segundo marcador (inclusive). El siguiente punto después del segundo marcador será el nuevo pt. de comienzo de la vuelta, así que podrá quitar los dos marcadores y reemplazarlos por un solo marcador en este pt., que indicará el comienzo de la vuelta.

Tenga en cuenta que las disminuciones de las tres siguientes vueltas estarán espaciadas de modo que la parte frontal de la cabeza quede plana: haga m. p. sencillo sobre los 10 frontales y después 9 pts.; las otras disminuciones estarán espaciadas uniformemente sobre el resto de los pts.

## CARA MEDUS

Cara vive en Bristol con su marido y sus dos hijos. Le gusta diseñar prendas de punto y ganchillo, y, de vez en cuando, encuentra tiempo para hacer un poco de ilustración y de papiroflexia. Sus otras dos pasiones son los pasteles y el café.
www.caramedus.com

**Siguiente vuelta:** 2 m. p. juntos, 9 m. p., 2 m. p. juntos, 8 m. p., 2 m. p. juntos, 9 m. p., 2 m. p. juntos, 10 m. p. (40 pts.)

**Siguiente vuelta:** 1 m. p. en cada pt. hasta el final de la vuelta.

**\*\*\*Siguiente vuelta:** *2 m. p. juntos, 5 m. p., rep. desde * tres veces, 2 m. p. juntos, 10 m. p. (35 pts.)

**Siguiente vuelta:** 1 m. p. en cada pt. hasta el final de la vuelta.

**Siguiente vuelta:** *2 m. p. juntos, 4 m. p., rep. desde * tres veces, 2 m. p. juntos, 9 m. p. (30 pts)

**Siguiente vuelta:** 1 m. p. en cada pt. hasta el final de la vuelta.

**Siguiente vuelta:** *2 m. p. juntos, 3 m. p., rep. desde * cinco veces, 2 m. p. juntos, 9 m. p. (24 pts)

**Siguiente vuelta:** *2 m. p. juntos, 2 m. p., rep. desde * cinco veces, 2 m. p. juntos. (18 pts)
Rellene el cuerpo firmemente.

**Siguiente vuelta:** *2 m. p. juntos, 1 m. p., rep. desde * cinco veces, 2 m. p. juntos. (12 pts)

**Siguiente vuelta:** [2 m. p. juntos] seis veces. (6 pts.)

Remate dejando una cola larga de hilo. Acabe de rellenar y utilice la cola de hilo para coser el orificio. Asegure los hilos sueltos entretejiéndolos. **\*\*\***

**{02} Haga el chal**
Trabaje de arriba abajo.
Con el hilo B y un ganchillo de 3 mm, haga 36 c. no muy apretadas.

**Vuelta 1:** (lado del revés) 1 m. p. en cada c., com. con la segunda c. desde la posición de la aguja, dé la vuelta (35 pts.)
Compruebe que es de la medida del cuello de la muñeca enrollándolo alrededor. Al estirar la pieza, debe quedar un hueco en la parte central equivalente a unos 2 pts. Si es demasiado corta, haga la cadeneta más floja o utilice un ganchillo de calibre 3,5 mm.

**Vuelta 2:** 1 c., *8 m. p., 2 m. p. en el siguiente pt., rep. desde * dos veces, 8 m. p., dé la vuelta. (38 pts.)

**Vueltas 3, 5, 7, 9 y 11:** 1 c., 1 m. p. en cada pt. hasta el final, dé la vuelta.

**Vuelta 4:** 1 c., *9 m. p., 2 m. p. en el siguiente pt., rep. desde * dos veces, 8 m. p., dé la vuelta. (41 pts.)

**Vuelta 6:** 1 c., 10 m. p., 2 m. p. en el siguiente pt., [9 m. p., 2 m. p. en el siguiente pt.] dos veces, 10 m. p., dé la vuelta. (44 pts.)

**Vuelta 8:** 1 c., *10 m. p., 2 m. p. en el siguiente pt., rep. desde * dos veces, 11 m. p., dé la vuelta. (47 pts.)
Dism. en cualquiera de los dos extremos de la vuelta para dar forma a las esquinas del modo siguiente:

**Vuelta 10:** 1 c., 2 m. p. juntos, 9 m. p., 2 m. p. en el siguiente pt., [11 m. p., 2 m. p. en el siguiente pt.] dos veces, 9 m. p., 2 m. p. juntos, dé la vuelta. (48 pts.)

**Vuelta 12:** 1 c., 2 m. p. juntos, 9 m. p., 2 m. p. en el siguiente pt., [11 m. p., 2 m. p. en el siguiente pt.] dos veces, 10 m. p., 2 m. p. juntos, dé la vuelta. (49 pts.)

**Vuelta 13:** 1 c., 2 m. p. juntos, 1 m. p. en el siguiente pt. hasta los 2 últimos pts., 2 m. p. juntos. (47 pts.)
Remate y asegure los hilos sueltos entretejiéndolos.

Haga un ribete para el chal:
Con el lado del derecho del chal mirando hacia usted, vuelva a unir el hilo B en el extremo izquierdo de la primera vuelta, 1 c. y m. p. uniformemente en el borde de abertura, a lo largo de la parte inferior y por el otro borde de la abertura, haciendo 1 m. p. en cada extremo de la vuelta y 2 m. p. en cada pt. de esquina. Remate dejando una cola de hilo larga para coser el chal al cuerpo. Antes de hacerlo, decórelo como se indica a continuación.

**{3} Haga las flores del chal**
Con el hilo C y un ganchillo de 2,5 mm:
**Primera flor:** 3 c., 1 p. a. en la primera de estas c. (esto es el centro de la flor), 3 c., p. r. en el centro, *3 c., 1 p. a. en el centro, 3 c., p. r. en el centro, rep. desde * una vez para hacer el último pétalo.

**2.ª flor y siguientes:** **9 c. (c. de unión), 1 p. a. en la tercera c. desde la posición de la aguja (centro), 3 c., p. r. en el centro, 3 c., 1 p. a. en el centro, p. r. en la c. de unión que es la 3 c. desde el centro, 2 p. r. a lo largo de c. de unión hacia el centro, p. r. en el centro, 3 c., 1 p. a. en el centro, 3 c., p. r. en el centro. Rep. desde ** hasta que la franja de flores sea lo bastante larga como para dar la vuelta

al chal (en el ejemplo se hicieron diez flores). Remate, asegure los hilos sueltos entretejiéndolos y cosa alrededor del borde del chal y este al cuerpo con la abertura en la parte frontal y cubriendo la unión entre la cabeza y el cuerpo.

## {4} Haga la cara

Con el hilo D y un ganchillo de 2,5 mm, haga un aro deslizado, 1 c. y 6 m. p. en él. P. r. en c. al com. de la vuelta para unir. (6 pts.)

Durante las primeras vueltas de un círculo pequeño puede ser difícil hacer p. r. en la primera c. de la vuelta para unir; si le resulta más fácil, puede hacer p. r. en el primer pt. de la vuelta, pero acuérdese de efectuar el primer pt. de la vuelta en el mismo pt. en el que hizo el p. r.

Cont. como en el caso de las vueltas 2-6 de la base de la muñeca.

Remate y deje una cola de hilo larga para coser la cara a la cabeza. Tire del comienzo de la cola todo lo posible para cerrar el orificio y luego cosa. Haga los siguientes detalles antes de coser la cara a la parte frontal de la cabeza. Marque la posición de los rasgos con alfileres antes de coser.

Haga la boca:
Divida un fragmento del hilo B por la mitad y utilícelo para hacer 6 puntos pequeños de cadeneta (de bordado, no de ganchillo), que serán la boca.

Haga los mofletes (2):
Divida un fragmento del hilo B por la mitad y, con un ganchillo de 2,5 mm, haga 2 c., 6 m. p. en la segunda c. desde la posición de la aguja, p. r. hasta el primer pt. Remate dejando una cola de hilo larga para coserlo a la cara. Asegure el comienzo de la cola de hilo entretejiéndolo y cosa el moflete a la cara.

Haga los ojos:
Con dos fragmentos de hilo negro de algodón, haga un círculo con puntadas pequeñas de cadeneta (de bordado) para los ojos.

Use esta fotografía como guía para hacer los rasgos faciales de la muñeca.

## {05} Haga el pelo (2 piezas)

Con el hilo E y un ganchillo de 2,5 mm, 9 c.
**Vuelta 1:** 2 m. p. (com. en la segunda c. desde la posición de la aguja), 1 m. p. a., 2 p. a., 1 m. p. a., 2 m. p., 2 c., gire la labor 180 grados para trabajar a lo largo del otro lado de la c. base, 2 m. p., 1 m. p. a., 2 p. a., 1 m. p. a., 2 m. p., 1 c., p. r. en el primer pt.
**Vuelta 2:** 1 m. p. en cada pt. a lo largo de un lado de la pieza. P. r. en la punta del extremo.

Remate dejando una cola larga de hilo para coser el pelo al cuerpo. Asegure el comienzo de la cola entretejiéndolo. Coloque las dos piezas de modo que cubran la unión entre la cara y la cabeza: serán mayores que la pieza de la cara. Cósalas.

## {06} Haga la flor decorativa del cuerpo

Haga los pétalos amarillos:
con el hilo F y una aguja de 2,5 mm, 4 c. y un p. r. para formar un aro.
**Vuelta 1:** 1 c., 6 m. p. en el aro, p. r. en la primera c. para unir. (6 pts.)
**Vuelta 2:** 1 c., *1 m. p. en el siguiente pt., 6 c., rep. desde * cinco veces, p. r. en primer m. p. de la vuelta para unir. (6 pt. de 6 c.)
**Vuelta 3:** [6 m. p. en siguiente c.-pt.] seis veces, p. r. en primer m. p. de la vuelta para unir.

Remate dejando una cola larga de hilo para coser la flor al cuerpo.

Haga las hojas marrones:
Con el hilo E y una aguja de 2,5 mm [16 c. y p. r. en la primera c.] dos veces.
Remate dejando una cola larga de hilo para coser las hojas al cuerpo.

# MÉTODO: MUÑECA MEDIANA

### {01} Haga la cabeza y el cuerpo

Comience haciendo la base:
con el hilo C y una aguja de 3 mm, haga igual que en el caso de la base de la muñeca grande hasta la vuelta 7 inclusive. (42 pts.)

**Siguiente vuelta:** 1 c. y, tomando **solo las hebras de atrás de los pts.** de la vuelta anterior, haga 1 m. p. en cada pt. No cierre la vuelta con un p. r.

Haga el cuerpo:
A partir de ahora, no cierre las vueltas con un p. r.: continúe trabajando en espiral. Podría ser útil marcar el primer pt. de la vuelta con un marcador de puntos.

**Siguiente vuelta:** (tomando las dos hebras de los puntos) *2 p. m. en el siguiente pt., 6 m. p., rep. desde * cinco veces. (48 pts.)

**Siguiente vuelta:** 1 m. p. en cada punto hasta el final de la vuelta.

**Siguiente vuelta:** *2 m. p. en el siguiente pt., 11 m. p., rep. desde * tres veces. (52 pts.)

**Siguiente vuelta:** 1 m. p. en cada punto hasta el final de la vuelta.

Rep. la última vuelta hasta que el cuerpo mida 3 cm de altura.

Ponga cartulina en la base para hacerla más rígida como en el caso de la muñeca más grande:
Continúe haciendo el cuerpo como en el caso de la muñeca grande desde ** hasta **. (36 pts.)
Haga una bola de gránulos de polipropileno como en el caso de la muñeca grande y rellene el cuerpo usando relleno de poliéster.

**Siguiente vuelta:** *2 m. p. juntos, 7 m. p., rep. desde * hasta el final. (32 pts.)

**Siguiente vuelta:** 1 m. p. en cada pt. hasta el final de la vuelta.

**Siguiente vuelta:** *2 m. p. juntos, 6 m. p., rep. desde * hasta el final. (28 pts.)

**Siguiente vuelta:** 1 m. p. en cada pt. hasta el final de la vuelta.
Rep. la última vuelta dos veces más.
Remate.

Haga la cabeza:
Una el hilo G y, con una aguja de 3 mm, haga una vuelta de m. p.

**Siguiente vuelta:** *2 m. p. en el siguiente pt., 6 m. p., rep. desde * tres veces. (32 pts.)

**Siguiente vuelta:** 1 m. p. en cada pt. hasta el final de la vuelta.

**Siguiente vuelta:** *2 m. p. en el siguiente pt., 7 m. p., rep. desde * tres veces. (36 pts.)

**Siguiente vuelta:** 1 m. p. en cada pt. hasta el final de la vuelta.

**Siguiente vuelta:** *2 m. p. en el siguiente pt., 8 m. p., rep. desde * tres veces. (40 pts.)

**Siguiente vuelta:** 1 m. p. en cada pt. hasta el final de la vuelta.
Rep. la última vuelta dos veces.

Tomando el inicio actual de la vuelta como la parte de «atrás» de la muñeca, dele la vuelta para que se muestre la parte «frontal» y marque los 10 pts. centrales con dos marcadores (*véase* la ilustración). Haga 1 m. p. en cada pt. hasta el pt. del segundo marcador (inclusive). El siguiente punto después del segundo marcador será el nuevo pt. de comienzo de la vuelta, así que podrá quitar los dos marcadores y reemplazarlos por un solo marcador en este pt., que indicará el comienzo de la vuelta. Cont. como hizo con la cabeza de la muñeca grande desde *** hasta ***.

### {02} Haga el chal

Trabaje de arriba abajo.
Con el hilo G y una aguja de 3 mm, haga 26 c. no muy apretadas.

**Vuelta 1:** (lado del revés) 1 m. p. en cada c., com. con la segunda c. desde la posición de la aguja, dé la vuelta (25 pts.)
Compruebe que es de la medida del cuello de la muñeca enrollándolo alrededor. Al estirar la pieza, debe quedar un hueco en la parte central equivalente a unos 2 pts.

Si es demasiado corta, haga la cadeneta más floja o utilice un ganchillo de calibre 3,5 mm.

**Vuelta 2:** 1 c., *6 m. p., 2 m. p. en el siguiente pt., [5 m. p., 2 m. p. en el siguiente punto] dos veces, 6 m. p., dé la vuelta. (28 pts.)

**Vueltas 3, 5, 7 y 9:** 1 c., 1 m. p. en cada pt. hasta el final, dé la vuelta.

**Vuelta 4:** 1 c., *6 m. p., 2 m. p. en el siguiente pt., rep. desde * dos veces, 7 m. p., dé la vuelta. (31 pts.)

**Vuelta 6:** 1 c., *7 m. p., 2 m. p. en el siguiente pt., rep. desde * dos veces, 7 m. p., dé la vuelta. (34 pts.)

**Vuelta 8:** 1 c., 2 m. p. juntos, 5 m. p., 2 m. p. en el siguiente pt., [8 m. p., 2 m. p. en el siguiente pt.] dos veces, 6 m. p., 2 m. p. juntos, dé la vuelta. (35 pts.)

**Vuelta 10:** 1 c., 2 m. p. juntos, 6 m. p., 2 m. p. en cada pt., [8 m. p., 2 m. p. en el siguiente pt.] dos veces, 6 m. p., 2 m. p. juntos, dé la vuelta. (36 pts.)

**Vuelta 11:** 1 c., 2 m. p. juntos, 1 m. p. en cada pt. hasta los últimos 2 pts., 2 m. p. juntos. (34 pts.)

Remate y asegure los hilos sueltos entretejiéndolos.

Con el lado del derecho del chal mirando hacia usted, una el hilo A en el extremo izquierdo de la primera vuelta. Haga pt. de picot a lo largo del borde del chal con un ganchillo de 2,5 mm. Haga el m. p. de cada pt. de picot en todos los puntos alternos o de final de vuelta:

1 c., *1 m. p. en el siguiente pt. o final de vuelta, 3 c., p. r. en la primera de esas 3 c.

Rep. desde * alrededor del borde haciendo la repetición dos veces en cada pt. de esquina. Haga 1 m. p. en el último pt. para acabar.

Remate dejando una cola de hilo larga para coser el chal al cuerpo. Antes de hacerlo, decórelo como se indica a continuación.

Utilice el hilo F doble, haga líneas de punto atrás por el chal y alrededor de la cabeza. Espacie las líneas uniformemente cada cuatro vueltas usando los «orificios» que hay entre las vueltas. Determine las vueltas por donde irán las puntadas antes de empezar teniendo en cuenta que el chal se unirá a la cabeza. Cuando trabaje en la cabeza, comience y acabe las filas de puntadas por delante, pues esa zona quedará cubierta por la cara. No haga una fila de puntadas en la cabeza más arriba del punto donde la unión de la parte delantera quedará cubierta por la cara y el pelo.

### {3} Haga la cara

Haga la cara como en el caso de la muñeca grande, pero trabaje a partir de las vueltas 2-5 de la base de la muñeca grande. Haga la boca y los ojos como en el caso de la muñeca grande, pero para los mofletes utilice una mitad del hilo C y borde un círculo de puntadas de cadeneta. Trate de hacer los rasgos ligeramente más pequeños que los de la muñeca grande.

### {04} Haga el pelo (2 piezas)

Haga el pelo como en el caso de la muñeca grande, pero solo la vuelta 1, y luego remate.

### {05} Haga la decoración

Flores (para hacer 3):

**Vuelta 1:** con el hilo B y una aguja de 2,5 mm, 3 c., 11 p. a. en la primera c., p. r. en la parte superior de las 3 c. para unir. Remate y asegure los hilos sueltos entretejiéndolos.

Coloque las tres flores en el cuerpo como se muestra en la fotografía y préndalas con alfileres para sujetarlas. Use el hilo E para coser las flores al cuerpo con puntadas rectas y bien visibles. Haga tres puntadas largas y rectas en la base para representar los tallos, con una hojita de puntadas pequeñas de cadeneta (de bordado) en cada uno.

# MÉTODO: MUÑECA PEQUEÑA

## {01} Haga la cabeza y el cuerpo

Comience haciendo la base:

Con el hilo B y una aguja de 3 mm, haga igual que en el caso de la base de la muñeca grande hasta la vuelta 6 inclusive. (36 pts.)

**Siguiente vuelta:** 1 c. y, tomando **solo las hebras de atrás de los puntos** de la vuelta anterior, haga 1 m. p. en cada pt., p. r. en primera c. de la vuelta para unir.

Ahora haga el cuerpo:

Haga cada cuatro vueltas con el hilo A. Recuerde que con la muñeca pequeña, se unen todas las vueltas del cuerpo para crear rayas, a diferencia de las otras muñecas, que se hacen en espiral.

**Siguiente vuelta:** (tomando las dos hebras de los puntos) 1 c., *2 p. m. en el siguiente pt., 8 m. p., rep. desde * tres veces, p. r. en primera c. para unir. (40 pts.)

**Siguiente vuelta:** 1 c., 1 m. p. en cada punto hasta el final de la vuelta, p. r. en la primera c. para unir.

**Siguiente vuelta:** 1 c., *2 m. p. en el siguiente pt., 9 p. m., rep. desde * tres veces, p. r. en la primera c. para unir. (44 pts.)

**Siguiente vuelta:** 1 c., 1 m. p. en cada punto hasta el final de la vuelta, p. r. en la primera c. para unir.

Rep. la última vuelta hasta que el cuerpo mida 2,5 cm de altura.

Ponga cartulina en la base para hacerla más rígida como en los casos de la muñeca grande y la mediana:

**Siguiente vuelta:** 1 c., *2 m. p. juntos, 9 m. p., rep. desde * hasta el final tres veces, p. r. en primer c. para unir. (40 pts.)

**Siguiente vuelta:** 1 c., 1 m. p. en cada pt. hasta el final de la vuelta, p. r. en primer c. para unir.

**Siguiente vuelta:** 1 c., *2 m. p. juntos, 8 m. p., rep. desde * hasta el final 3 veces, p. r. en primer c. para unir. (36 pts.)

**Siguiente vuelta:** 1c., 1 m. p. en cada pt. hasta el final de la vuelta, p. r. en primer c. para unir.

Haga una bola de gránulos de polipropileno como se indica en el método de la muñeca grande y rellene el cuerpo con poliéster.

**Siguiente vuelta:** 1 c., *2 m. p. juntos, 7 m. p., rep. desde * hasta el final tres veces, p. r. en primer c. para unir. (32 pts.)

**Siguiente vuelta:** 1 c., 1 m. p. en cada pt. hasta el final de la vuelta, p. r. en primer c. para unir.

**Siguiente vuelta:** 1 c., *2 m. p. juntos, 6 m. p., rep. desde * 3 veces, p. r. en primer c. para unir. (28 pts.)

**Siguiente vuelta:** 1c., 1 m. p. en cada pt. hasta el final de la vuelta, p. r. en primer c. para unir.

**Siguiente vuelta:** 1 c., *2 m. p. juntos, 5 m. p., rep. desde * hasta el final 3 veces, p. r. en primer c. para unir. (24 pts.)

**Siguiente vuelta:** 1c., 1 m. p. en cada pt. hasta el final de la vuelta, p. r. en primer c. para unir.

Rep. la última vuelta dos veces.

Haga la cabeza:

A partir de ahora, no cierre las vueltas con un p. r.: continúe trabajando en espiral. Podría ser útil marcar el primer pt. de la vuelta con un marcador de puntos.

Una el hilo F y haga una vuelta de m. p.

**Siguiente vuelta:** 1 m. p. en cada pt. hasta el final de la vuelta.

**Siguiente vuelta:** *2 m. p. en el siguiente pt., 5 m. p., rep. desde * tres veces. (28 pts.)

**Siguiente vuelta:** 1 m. p. en cada pt. hasta el final de la vuelta.

**Siguiente vuelta:** *2 m. p. en el siguiente pt., 6 m. p., rep. desde * tres veces. (32 pts.)

**Siguiente vuelta:** 1 m. p. en cada pt. hasta el final de la vuelta.

**Siguiente vuelta:** *2 m. p. en el siguiente pt., 7 m. p., rep. desde * tres veces. (36 pts.)

**Siguiente vuelta:** 1 m. p. en cada pt. hasta el final de la vuelta.

Rep. la última vuelta.

Tomando el inicio actual de la vuelta como la parte de «atrás» de la muñeca, dele la vuelta para que se muestre la parte «frontal» y marque los 8 pts. centrales con dos marcadores (*véase la fotografía*). Haga 1 m. p. en cada pt. hasta el pt. del segundo marcador (inclusive). El siguiente punto después del segundo marcador será el nuevo pt. de comienzo de la vuelta, así que podrá quitar los dos marcadores y reemplazarlos por un solo marcador en este pt., que indicará el comienzo de la vuelta.

**Siguiente vuelta:** 2 m. p. juntos, 4 m. p., [2 m. p. juntos, 5 m. p.] dos veces, 2 m. p. juntos, 4 m. p., 2 m. p. juntos, 8 m. p. (31 pts.)

**Siguiente vuelta:** 1 m. p. en cada pt. hasta el final de la vuelta.

**Siguiente vuelta:** *2 m. p. juntos, 4 m. p., rep. desde * tres veces, 2 m. p. juntos, 5 m. p. (26 pts.)

**Siguiente vuelta:** 2 m. p. juntos, 3 m. p., [2 m. p. juntos, 2 m. p.] cuatro veces, 2 m. p. juntos, 3 m. p. (20 pts.)

Rellene con firmeza.

**Siguiente vuelta:** *2 m. p. juntos, 2 m. p., rep. desde * cuatro veces. (15 pts.)

**Siguiente vuelta:** *2 m. p. juntos, 1 m. p., rep. desde * cuatro veces. (10 pts.)

**Siguiente vuelta:** [2 m. p. juntos] cinco veces. (5 pts.)

Remate dejando una cola larga de hilo. Acabe de rellenar y utilice la cola de hilo para coser la abertura. Asegure los hilos sueltos entretejiéndolos.

## {02} Haga el chal

Trabaje de arriba abajo.

Con el hilo F y una aguja de 3 mm, haga 22 c. no muy apretadas.

**Vuelta 1:** (lado del revés) 1 m. p. en cada c., com. con la segunda c. desde la posición de la aguja, dé la vuelta (21 pts.)

Compruebe que es de la medida del cuello de la muñeca enrollándolo alrededor. Al estirar la pieza, debe quedar un hueco en la parte central equivalente a unos 2 pts. Si es demasiado corta, haga la cadeneta más floja o utilice una aguja de calibre 3,5 mm.

**Vuelta 2:** 1 c., 5 m. p., 2 m. p. en el siguiente pt., [4 m. p., 2 m. p. en el siguiente punto] dos veces, 5 m. p., dé la vuelta. (24 pts.)

**Vueltas 3, 5, 7 y 9:** 1 c., 1 m. p. en cada pt. hasta el final, dé la vuelta.

**Vuelta 4:** 1 c., [5 m. p., 2 m. p. en el siguiente punto] tres veces, 6 m. p., dé la vuelta. (27 pts.)

**Vuelta 6:** 1 c., [6 m. p., 2 m. p. en el siguiente punto] tres veces, 6 m. p., dé la vuelta. (30 pts.)

**Vuelta 8:** 1 c., 7 m. p., 2 m. p. en el siguiente pt., [7 m. p., 2 m. p. en el siguiente pt.] dos

veces, 6 m. p., dé la vuelta. (33 pts.)

**Vuelta 10:** 1 c., 2 m. p. juntos, 6 m. p., 2 m. p. en cada pt., [7 m. p., 2 m. p. en el siguiente pt.] dos veces, 6 m. p., 2 m. p. juntos, dé la vuelta. (34 pts.)

**Vuelta 11:** 1 c., 2 m. p. juntos, 1 m. p. en cada pt. hasta los últimos 2 pts., 2 m. p. juntos. (32 pts.)

Remate y asegure los hilos sueltos entretejiéndolos.

Haga el ribete igual que el del chal de la muñeca grande usando el hilo F.

Antes de coser el chal al cuerpo, haga la decoración del siguiente modo: con el hilo E, haga una serie de nudos franceses alrededor del borde del chal. Si no quiere hacer nudos franceses, también puede utilizar cuentas pequeñas. Cosa el chal al cuerpo.

## {3} Haga la cara

Haga la cara igual que con la muñeca grande, pero trabaje a partir de las vueltas 2-4 de la base de la muñeca grande. Haga la boca y los mofletes como se ha indicado para la muñeca mediana, pero, para los ojos, haga nudos franceses o utilice cuentas pequeñas si lo prefiere. Haga los rasgos más pequeños que los de la muñeca grande.

## {04} Haga el pelo (2 piezas)

Con el hilo E y una aguja de 2,5 mm, 7 c., m. p. en la segunda c. desde la posición de la aguja, 1 m. p. a., 2 p. a., 1 m. p. a., 1 m. p. 2 c., gire la pieza 180 grados para trabajar por el otro lado de la c. base, 1 m. p. en cada punto a lo largo de un lado de la pieza hasta llegar a la punta del pelo, p. r. en la punta. Remate dejando

una cola de hilo larga. Asegure el extremo corto entretejiéndolo y cosa como se ha indicado para la muñeca grande.

## {05} Haga la decoración

Haga la vuelta 1 de la flor como se ha indicado para la muñeca mediana con el hilo C, pero no remate.

**Vuelta 2:** *3 c., p. r. en pt. de base de c., p. r. en siguiente pt., rep. desde * hasta el último pt., acabando con 3 c. y p. r. en último pt. Remate dejando una cola de hilo larga y cosa la flor al cuerpo. Con el hilo E, haga dos puntadas de cadeneta largas (de bordado) para las hojas, y un par de puntadas rectas para el tallo. Haga un nudo francés en el centro de la flor.

# Tapetes modernos

El tapete de un solo motivo, hecho con la clásica combinación de colores rojo, beige y crema, es una versión moderna del tradicional tapete blanco de encaje. El bonito motivo de doce pétalos que se ha utilizado para el conjunto de posavasos y para el tapete es muy versátil: en estos ejemplos se ve que se puede tejer un solo motivo con dos hilos de colores distintos para crear los robustos y prácticos posavasos, o, tejiendo con un solo hilo y montando varios motivos, hacer el tapete.

## MATERIALES

**Tapete de un solo motivo**

Ovillos de 100 g (280 m) de DMC Petra 3 Crochet Cotton, uno de color rojo Red 5666 (A), otro de color beige Beige 5712 (B) y otro de color crema Cream 53091 (C), o un hilo similar (de 2 hebras de algodón mercerizado)

**Tapete de varios motivos y posavasos**

Ovillos de 100 g (280 m) de DMC Petra 3 Crochet Cotton, uno de color gris oscuro Dark Grey 5646 (A), otro de color rojo Red 5666 (B), otro de color naranja Orange 5608 (C) y otro de color rosa Pink 5151 (D), o un hilo similar (de 2 hebras de algodón mercerizado)

Ganchillo de calibre 2,5 mm (para los tapetes) y 3,5 mm (para los posavasos)

Aguja de tapicería

## TAMAÑO

**Tapete de un solo motivo:**

16 cm de diámetro

**Tapete de varios motivos:**

22 cm en el punto más ancho

**Posavasos:**

11 cm de diámetro

## TENSIÓN

No se necesita una tensión precisa en estas labores, pero la diferencia de tensión puede afectar a la cantidad de hilo requerida.

## TÉCNICAS

**Tapete de un solo motivo:**

- Hacer un aro con cadeneta (pág. 102)
- Hacer puntos en el centro del aro (pág. 103)
- Trabajar en espacios de cadeneta (pág. 125)
- Crear un ribete de ganchillo en una pieza de ganchillo (pág. 130)

**Tapete de varios motivos y posavasos:**

- Aumentar alrededor del aro (pág. 106)
- Trabajar en espacios creados por cadeneta (pág. 125)
- Hacer punto alto doble (pág. 98)
- Unir motivos a medida que se teje (pág. 141)

## Historia

Todo el mundo conoce
y aprecia esos tapetes
intrincados que nuestras
abuelas ponían en todas las
mesas debajo de todos los
jarrones. Al diseñar el tapete
de varios motivos, quise
modernizarlo utilizando
colores intensos, como
el gris oscuro, el rojo y el
naranja, mezclados con
el rosa, para mantener
su toque coqueto.

# MÉTODO: TAPETE DE UN SOLO MOTIVO

## {01} Haga el tapete

**Aro de base:** con el hilo A, 10 c. y p. r. para unir el aro.

**Vuelta 1:** 3 c. (se cuentan como 1 p. a.), 23 p. a. en el aro, p. r. en la tercera de 3 c. (24 p. a.)

**Vuelta 2:** 1 c., 1 m. p. en el mismo pt. que el p. r. de unión, [7 c., sáltese 3 pts de la vuelta anterior, 1 m. p. en el cuarto pt.] cinco veces, 3 c., 1 p. a. doble en el primer m. p.

**Vuelta 3:** 1 c., 5 m. p. en la barra del p. a. doble que acaba de hacer, 9 m. p. en cada uno de los siguientes 5 espacios de c., 4 m. p. en siguiente espacio de c., p. r. en primer m. p.

**Vuelta 4:** 1 c., 1 m. p. en el mismo espacio que el p. r. de unión, [10 c., 1 m. p. en el quinto de los 9 m. p. de la vuelta anterior] cinco veces, 10 c., p. r. en el primer m. p.

**Vuelta 5:** 1 c., [1 m. p. en m. p. de la vuelta anterior, 13 m. p. en espacio c.] seis veces, p. r. en primer m. p. Remate.

**Vuelta 6:** una el hilo B en el octavo m. p. de la vuelta anterior, 8 c., [sáltese 5 pts., 1 m. p. en siguiente pt., 5 c., sáltese 5 pts. y 1 p. a. en siguientes 3 pts., 5 c.] cinco veces, sáltese 5 pts., 1 m. p. en siguiente pt., 5 c., sáltese 5 pts., 1 p. a. en los siguientes 2 pts., p. r. en la tercera de 8 c.

**Vuelta 7:** 3 c., [2 p. a. en espacio c., 5 c., 1 m. p. en el m. p. de la vuelta anterior, 5 c., 2 p. a. en espacio c., 3 p. a.] cinco veces, 2 p. a. en espacio c., 5 c., 1 m. p. en el m. p. de la vuelta anterior, 5 c., 2 p. a. en espacio c., 2 p. a., p. r. en la tercera de 3 c.

**Vuelta 8:** 3 c., 2 p. a., [2 p. a. en espacio c., 4 c., 1 m. p. en el m. p. de la vuelta anterior, 4 c., 2 p. a. en espacio c., 7 p. a.] cinco veces, 2 p. a. en espacio c., 4 c., 1 m. p. en el m. p. de la vuelta anterior, 4 c., 2 p. a. en espacio c., 4 p. a., p. r. en la tercera de 3 c.

**Vuelta 9:** 3 c., 4 p. a., [2 p. a. en espacio c., 4 c., 1 m. p. en el m. p. de la vuelta anterior, 1 c., 2 p. a. en espacio c., 11 p. a.] cinco veces, 2 p. a. en espacio c., 4 c., 1 m. p. en el m. p. de la vuelta anterior, 4 c., 2 p. a. en espacio c., 6 p. a., p. r. en la tercera de 3 c.

**Vuelta 10:** 3 c., 6 p. a., [2 p. a. en espacio c., 1 c., 2 p. a. en espacio c., 15 p. a.] cinco veces, 2 p. a. en espacio c., 1 c., 2 p. a. en espacio c., 8 p. a., p. r. en la tercera de 3 c.

**Vuelta 11:** 3 c., 1 p. a. en cada uno de los pt. y espacios de c., p. r. en la tercera de 3 c. Remate.

**Vuelta 12:** una el hilo C en cualquier pt., 1 c. y 1 m. p. en el mismo espacio, [3 c., sáltese 2 pts., 1 m. p. en el siguiente pt.] 39 veces, 3 c., p. r. en primer m. p.

**Vuelta 13:** 1 c., [1 m. p., 1 m. p. a., 2 p. a., 1 m. p. a., 1 m. p.] en cada espacio 3 c., p. r. en primer m. p. Remate y asegure los hilos sueltos entretejiéndolos.

# MÉTODO: TAPETE DE VARIOS MOTIVOS Y POSAVASOS MOTEADOS

## {1} Antes de empezar

Hay un modo alternativo de unir un nuevo color. En lugar de usar cadenetas para empezar una vuelta, comience con un nuevo punto en la aguja y haga directamente el punto. Para hacer un p. a., comience con un nuevo punto en la aguja, pase el hilo alrededor de la aguja, meta la aguja en el lugar de la labor donde quiera realizar la unión para sujetar el tercer punto que necesita para completar el p. a. y acabe de hacerlo normalmente. De esta manera, al no estar las 3 c., es más fácil disimular el comienzo de una vuelta.

Los posavasos se hacen con dos hilos que se sujetan juntos. Haga las combinaciones de color del modo siguiente:

Hilos A y D
Hilos B y D
Hilos C y D

Los motivos del tapete se unen mientras va trabajando. Haga el punto de unión del siguiente modo:
Saque el punto que tiene en la aguja, meta la aguja en la punta del pétalo de 2 c. del primer motivo, meta de nuevo el punto que antes ha sacado de la aguja y páselo por la punta del pétalo; luego haga 1 c.

## {2} Haga el motivo de 12 pétalos

**Aro de base:** Tome dos hilos y una aguja de 3,5 mm de calibre. *10 c. y p. r. para unir el aro.
**Vuelta 1:** 3 c. (cuentan como 1 p. a.), 23 p. a.,

p. r. en la tercera de las 3 c. (24 p. a.)
**Vuelta 2:** 5 c. (cuentan como 1 p. a. y 2 c.), [sáltese 1 pt. de la vuelta anterior, 1 p. a. en el siguiente pt., 2 c.] hasta el final, p. r. en la tercera de las 5 c.
**Vuelta 3:** p. r. en espacio de c., 2 c. (cuentan como 1 p. a.) y 3 p. a. en el mismo espacio de c., 2 c., [4 p. a., 2 c.] en cada uno de los espacios de c. hasta el final, p. r. en la tercera de las primeras 3 c.*
**Vuelta 4:** p. r. en los siguientes 2 pts., [2 m. p. a., 1 p. a., 1 p. a. doble, 2 c., 1 p. a. doble, 1 p. a., 2 m. p. a.] en cada espacio de 2 c. de la vuelta anterior, p. r. en el primer m. p. a. (12 pétalos) Remate y asegure los hilos sueltos entretejiéndolos.

## {3} Haga el tapete de varios motivos

Con el hilo A y una aguja de 2,5 mm, haga el motivo central del mismo modo que se ha indicado para posavasos.
**Segundo motivo:** Con hilo B, haga desde * hasta * y remate.
**Vuelta 3:** Una el hilo A utilizando la técnica que se ha explicado al principio de estas métodos, 2 p. a. en cualquier espacio c., 2 c., [4 p. a., 2 c.] once veces, 2 p. a. en el primer espacio de c., p. r. en el primer p. a.
**Vuelta 4:** [2 m. p. a., 1 p. a., 1 p. a. doble, 2 c., 1 p. a. doble, 1 p. a., 2 m. p. a.] en cada uno de los 10 espacio de 2 c. de la vuelta anterior (10 pétalos); luego haga los pétalos de unión como sigue: [2 m. p. a., 1 p. a., 1 p. a. doble, 1 c., pt. de unión, 1 p. a. doble, 1 p. a., 2 m. p. a.], p. r. en primer m. p. a. Remate y asegure los hilos sueltos entretejiéndolos.
**Tercer motivo:** Con hilo C para las vueltas 1-2 e hilo A para las vueltas 3-4, haga como con el segundo motivo para los cuatro últimos pétalos, una el noveno y el décimo pétalos al primer motivo, y luego el undécimo y el duodécimo al otro motivo.
**Cuarto-séptimo motivos:** Rep. para el cuarto motivo usando los hilos D y A, para el quinto con hilos B y A, para el sexto con hilos C y A, y para el séptimo con hilos D y A; una los últimos seis pétalos al segundo, primero y sexto motivos.

Posavasos moteado.

Tapete de varios motivos.

# Funda de iPad con punto caído

El ganchillo es un modo ideal de aportar un poco del estilo «de la abuela» a los dispositivos modernos, y esta funda de iPad aúna a la perfección lo retro con lo moderno. El patrón de punto caído parece complicado, pero pronto le pillará el tranquillo; ¡la vuelta de abajo le mostrará lo que tiene que hacer!

## MATERIALES

Restos de hilo DK, con el gris como color principal (CP) y otros ocho colores vivos para las vueltas que contrastan. Va bien tanto la lana como el acrílico o el algodón. Si compra hilo específicamente para esta labor, necesitará un ovillo de 50 g de cada color

Ganchillo de calibre 3 mm

Aguja de tapicería

## TAMAÑO

Para un iPad/tableta estándar: 20 x 25 cm

## TENSIÓN

5 racimos de punto alto y 11 vueltas en 10 cm² trabajando con una aguja de 3 mm

## TÉCNICAS

- Hacer punto alto (pág. 96)
- Hacer punto caído (pág. 115)
- Unir hilo nuevo (pág. 100)
- Coser costuras con sobrecosido (pág. 138)

## ANTES DE EMPEZAR

Si quiere hacer esta labor para un objeto más grande (como un ordenador portátil, por ejemplo), amplíe la anchura añadiendo múltiplos de cuatro puntos.

Esta funda de iPad se ha tejido de una sola pieza y luego se ha doblado a la mitad para formar el borde inferior; las costuras laterales se han cosido. Se podría añadir un botón y una presilla (*véanse* págs. 141-142).

La secuencia de colores ha sido aleatoria y ha consistido en el color gris alternado con otro color vivo.

**Patrón del punto caído**

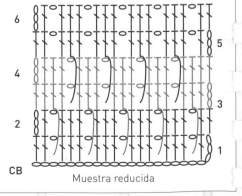

Muestra reducida

## Historia

Cuando era pequeña, mi abuela me sentaba con ella enfrente de la televisión mientras tejía pañitos de ganchillo o una bonita chaqueta. Ahora es ella la que se interesa por mis labores, y este diseño le ha gustado especialmente. Después de pasarle el patrón, lo comparto aquí con el lector. ¿No le parece que estos puntos recuerdan un poco a los típicos invasores espaciales de los videojuegos?

# MÉTODO

## {1} Haga la funda del iPad

**Cadeneta de base:** Con el CP, haga 39 c. no muy apretadas (36 para la c. de base y 3 c. que cuentan como 1 p. a.).

**Vuelta 1:** 1 p. a. en la cuarta c. contando desde la posición de la aguja, *sáltese 1 c., haga 1 c., haga 1 p. a. en cada una de las siguientes 3 c., rep. desde * siete veces, sáltese 1 c., haga 1 c., haga 1 p. a. en cada una de las últimas 2 c., dé la vuelta. (Tendrá diez bloques con pequeño espacio entre ellos; los racimos de cada extremo se hacen con 2 pts., mientras que los del medio se hacen con 3 pts., y hay nueve espacios entre los racimos).

**Vuelta 2:** 3 c. (se cuentan como 1 p. a.), 1 p. a. en el siguiente pt., *sáltese el siguiente pt., haga 1 c., haga 1 p. a. en cada uno de los siguientes 3 pts., rep. desde * siete veces, sáltese 1 pt., haga 1 c., haga 1 p. a. en el siguiente pt., 1 p. a. en parte superior de 3 c., dé la vuelta. (Esta vuelta es igual que la vuelta 1. Los bloques de punto alto están ahora alineados unos sobre otros). Corte el hilo dejando una cola larga.

**Vuelta 3:** Una un color nuevo. 3 c. (se cuentan como 1 p. a.), 1 p. a. en siguiente pt., 1 p. a. en el espacio entre los bloques de punto alto de dos vueltas más abajo (para hacer el punto caído; tendrá que aflojar la tensión un poco y puede parecer un poco raro hacer un punto tan largo), 1 p. a. en el siguiente pt. (de nuevo en la vuelta 3), *1 c., sáltese el siguiente pt., 1 p. a. en el siguiente pt., 1 p. a. en el espacio de dos vueltas más abajo, 1 p. a. en el siguiente pt., rep. desde * seis veces más, 1 c., sáltese 1 pt., 1 p. a. en el siguiente pt., 1 p. a. en el espacio de dos vueltas más abajo, 1 p. a. en el siguiente pt., 1 p. a. en parte superior de 3 c., dé la vuelta. (Ahora tendrá el comienzo de nueve racimos de punto caído; el primer y el último racimos están hechos con 4 p. a., pues tienen un punto adicional de refuerzo; los siete racimos centrales están hechos con 3 p. a. y el punto caído en el centro).

**Vuelta 4:** 3 c. (se cuentan como 1 p. a.), 1 p. a. en los siguientes 3 pts., *sáltese 1 c., haga 1 c., 1 p. a. en los siguientes 3 pts., rep. desde * seis veces más, sáltese 1 c., haga 1 c., 1 p. a. en los siguientes 3 pts., 1 p. a. en parte superior de 3 c., dé la vuelta. Corte el hilo dejando cola.

**Vuelta 5:** Con el CP, 3 c. (se cuentan como 1 p. a.), 1 p. a. en el siguiente pt., *sáltese 1 pt., haga 1 c., 1 p. a. en el siguiente pt., 1 p. a. en el espacio de dos vueltas más abajo (para hacer el punto caído), 1 p. a. en el siguiente pt. (de nuevo en vuelta 5), rep. desde * siete veces, sáltese 1 pt., haga 1 c., 1 p. a. en el siguiente pt., 1 p. a. en parte superior de 3 c., dé la vuelta.

**Vuelta 6:** 3 c. (se cuentan como 1 p. a.), 1 p. a. en el siguiente pt., *sáltese 1 c., haga 1 c., 1 p. a. en los siguientes 3 pts., rep. desde * siete veces, sáltese 1 c., haga 1 c., 1 p. a. en el siguiente pt., 1 p. a. en parte superior de 3 c., dé la vuelta. Corte el hilo dejando una cola.

Rep. las vueltas 3-6 hasta que la pieza mida 50 cm; use un nuevo color para cada repetición de las vueltas 3 y 4; las vueltas 5 y 6 siempre se hacen con CP. (Este diseño se ha hecho con 54 vueltas, lo que puede variar en función del hilo que se use).

## {02} Monte la funda del iPad

Doble la funda a la mitad juntando los lados del derecho y haciendo que coincidan bien todos los bordes. Enhebre la aguja de tapicería con un hilo de 40 cm de longitud. Com. en la parte superior de los bordes que antes ha hecho coincidir y sobrecosa uno de los lados. Las vueltas deben coincidir muy bien. Rep. lo mismo por el otro lado. Asegure los hilos sueltos entretejiéndolos con la aguja de coser. Dé la vuelta a la funda y meta el iPad dentro.

## PIP LINCOLNE

Pip Lincolne vive en Australia. Ha escrito muchos libros de labores y blogs sobre la vida y cosas felices en www.meetmeatmikes.com. A Pip le encanta el ganchillo, prepara comidas deliciosas y sale con gente interesante. Habla sobre labores en la televisión y la radio australianas y dirige Softies For Mirabel, iniciativa de la Mirabel Foundation para recolectar juguetes blandos infantiles hechos a mano.

# Cobertor de silla con punto de onda

Este punto es más suave que el de zigzag (véanse págs. 76 y 116); se trabaja de manera similar, con pares de aumentos y disminuciones para crear «cimas» y «valles». El diseño está basado en la repetición de patrones, así que se puede adaptar fácilmente: puede hacerlo más estrecho, para una bufanda, o más ancho para un cobertor de cama o de sofá.

## MATERIALES

Ovillos de 50 g (85 m) de Rowan Handknit Cotton (dos de cada) de color blanco crudo Ecru 251 (A), rojo oscuro Burnt 343 (D), ocre Ochre 349 (E), verde oliva Raffia 330 (F) y rojo Rosso 215 (G), y un ovillo de color azul claro Cloud 345 (B) y otro de color azul grisáceo Ice Water 239 (C), o un hilo similar (DK y algodón 100 %)

Ganchillo de calibre 4,5 mm

Aguja de tapicería

## TAMAÑO

Aproximadamente 45 x 156 cm de altura

## TENSIÓN

No se necesita una tensión precisa en esta labor.

## TÉCNICAS

- Hacer punto de onda (pág. 118)
- Aumentar puntos dentro de una vuelta (pág. 112)
- Disminuir puntos dentro de una vuelta (pág. 113)
- Unir hilo nuevo (pág. 100)
- Estirar las piezas acabadas de ganchillo para montarlas (pág. 137)

## ANTES DE EMPEZAR

El patrón de la onda se basa en una repetición de 16 puntos sobre 14 c./pts.

Los colores de la secuencia son los siguientes:

Hilo A
Hilos B y C (se usan alternativamente)
Hilo D
Hilo E
Hilo F
Hilo G

**Patrón de la onda**

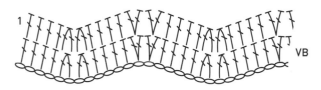

La muestra es de dos ondas completas

# MÉTODO

## {01} Haga el cobertor de la silla

**Vuelta base:** con el hilo A, haga 73 c. (70 para la c. base, y 3 más que cuentan como 1 p. a.), 1 p. a. en la cuarta cadeneta contando a partir de la aguja, 1 p. a. en cada una de las siguientes 4 c., [2 p. a. juntos en las siguientes 2 c.] dos veces, 1 p. a. en cada una de las siguientes 4 c., *[2 p. a. en la siguiente c.] dos veces, 1 p. a. en cada una de las siguientes 4 c., [2 p. a. juntos en las siguientes 2 c.] dos veces, 1 p. a. en cada una de las siguientes 4 c., rep. desde * tres veces, 2 p. a. en la última c., dé la vuelta. (80 p. a.)

**Vuelta 1:** 3 c., 1 p. a. en la base de 3 c., 1 p. a. en los siguientes 4 pts., [2 p. a. juntos en los siguientes 2 pts.] dos veces, 1 p. a. en los siguientes 4 pts., *[2 p. a. en los siguientes pts.] dos veces, 1 p. a. en los siguientes 4 pts., [2 p. a. juntos en los siguientes 2 pts.] dos veces, 1 p. a. en los siguientes 4 pts., rep. desde * tres veces, 2 p. a. en la parte superior de 3 c. de la vuelta anterior, dé la vuelta.

Rep. vuelta 1 cambiando el color del hilo cada dos vueltas de acuerdo con la secuencia que se ha indicado en la sección «Antes de empezar» de la página anterior. Haga un total de 98 vueltas. Remate, asegure los hilos sueltos entretejiéndolos y estire la pieza planchándola, humedeciéndola o con alfileres.

## ANITA MUNDT

Hace ya tiempo, Anita estudió diseño textil en la Huddersfield University de Inglaterra y, aunque ya no trabaja en este campo, siempre está creando algo de una u otra forma. Anita vive en un pueblo tranquilo, en una antigua escuela que ella y su marido están remodelando. Visite su blog en acreativedimension.blosgspot.com. ¡No deje de visitar el blog para saludarla!

## Historia

Mi marido tiene una silla de lectura que necesitaba algo de animación. Hice este patrón tradicional de onda en un cobertor largo para dar a la pieza un toque más masculino, que complementa a la perfección esta silla. Utilice una paleta de colores que encaje con su gusto en decoración y juegue con el diseño: las ondas pueden ser más estrechas o más anchas.

# Cojín con motivos solares

Este cojín está hecho con motivos de soles. Constituye un modo creativo de aprovechar trozos de hilo sobrantes y convertirlos en algo extraordinario, con el negro como color unificador. La parte de atrás del cojín es un «cuadrado de la abuela» gigante; también pueden hacerse los dos lados igual, si lo prefiere.

## MATERIALES

Ovillos de 50 g (133 m) de Annell Rapido, cuatro en negro Black 3259 (A), uno en rosa claro Light Pink 3233 (B), otro en fucsia Fuchsia 3277 (C) y otro en rojo Red 3212 (D), y cantidades pequeñas de distintos colores vivos para los motivos solares, o de un hilo similar (DK y acrílico)

Ganchillo de calibre 3,5 mm

Aguja de tapicería

Un botón de aproximadamente 2 cm de diámetro

Relleno de cojín de 45 x 45 cm

## TAMAÑO

45 x 45 cm

## TENSIÓN

Un motivo solar mide 8 cm².

## TÉCNICAS

- Hacer racimos (pág. 120)
- Hacer un cuadrado a partir de una cadeneta central (pág. 108)
- Unir motivos (pág. 139 y 140)
- Unir costuras con ganchillo (pág. 138)

## ANTES DE EMPEZAR

Tendrá que hacer 36 motivos solares en total para la parte frontal del cojín, colocados en seis filas de seis motivos cada una para un cojín cuadrado. Cada motivo consiste en tres vueltas: haga las vueltas 1 y 2 de distintos colores de su elección; la vuelta 3 siempre se hace en negro.

Se pueden hacer los motivos individualmente y coserse juntos al final, o también se pueden ir uniendo a medida que se trabaja.

La parte de atrás del cojín consiste en un «cuadrado de la abuela» de 19 vueltas con un ribete de ganchillo hecho con punto alto. Puede usar los cambios de color que se indican aquí o hacer su propio diseño.

Para la parte de atrás del cojín:

Vueltas 1-11: hilo A
Vueltas 12-13: hilo B
Vueltas 14-15: hilo C
Vueltas 16-17: hilo D
Vuelta 18: hilo C
Vuelta 19: hilo B

## Historia

Desde que empecé a hacer ganchillo, más de diez años atrás, siempre he usado un fondo blanco para los cojines y los cobertores. Tenía curiosidad por ver qué tipo de efecto podía crearse al usar un fondo oscuro, y el resultado fue este cojín. Los colores fuertes y vivos funcionan bien con el negro, y el fondo oscuro unifica lo que, de otro modo, sería una gama muy amplia de colores.

**Motivo solar: haga 36**

# MÉTODO

**{01} Haga los motivos para la parte frontal del cojín (para hacer 36)**

**Aro de base:** con el color 1, 4 c., una con p. r. para formar un aro.

**Vuelta 1:** 3 c. (cuentan como 1 p. a.), 11 p. a. en el aro, una con p. r. en la tercera c. Remate. (12 p. a.)

**Vuelta 2:** Con el color 2, 3 c. (se cuentan como 1 p. a.), 1 p. a. en la base de 3 c, [racimo de 2 p. a. en el espacio entre los 2 siguientes pts.] once veces, una con p. r. en tercera de las 3 c. Remate. (12 racimos de 12 p. a.)

**Vuelta 3:** Una el hilo A a cualquier espacio de la vuelta 2, 3 c. (se cuentan como 1 p. a.), 2 p. a., 2 c., 3 p. a. en el mismo espacio de la base de las 3 c. para hacer la primera esquina, *1 c., [3 p. a. en el siguiente espacio, 1 c.] dos veces, 3 p. a., 2 c., 3 p. a. en el siguiente espacio para hacer la siguiente esquina, rep. desde * dos veces, 1 c., [3 p. a. en el siguiente espacio, 1 c.] dos veces, una con p. r. en la tercera de las 3 c. Remate y asegure los hilos sueltos entretejiéndolos. (16 grupos de 3 p. a.)

**{02} Haga el ribete de la parte delantera**

Empezando desde una esquina y con el hilo A, haga 3 c. (se cuentan como 1 p. a.), 2 p. a., 2 c., 3 p. a. para hacer la esquina. Realice el ribete haciendo 1 p. a. en cada pt. y trabajando las esquinas como se ha indicado [3 p. a., 2 c., 3 p. a.], luego una con p. r. en la tercera de las 3 c. Remate y asegure los hilos sueltos entretejiéndolos.

**{03} Haga la parte de atrás del cojín**

**Aro de base:** Con el hilo A, 4 c., una con p. r. para formar un aro.

**Vuelta 1:** 3 c. (se cuentan como 1 p. a.), 2 p. a. en el aro, 3 c., *3 p. a. en el aro, 3 c., rep. desde * dos veces más, una con p. r. en la tercera de 3 c.

**Vuelta 2:** Haga 3 p. r. para alcanzar el espacio de la esquina, 3 c. (se cuentan como 1 p. a.), [2 p. a., 2 c., 3 p. a.] en el mismo espacio (esquina), *1 c., [3 p. a., 2 c., 3 p. a.] en los siguientes espacios de 3 c.; rep. desde * dos veces más, 1 c., una con p. r. en la tercera de las 3 c.

**Vuelta 3:** Haga 3 p. r. para alcanzar el espacio de la esquina, 3 c. (se cuentan como 1 p. a.), [2 p. a., 2 c., 3 p. a.] en el mismo espacio, *1 c., 3 p. a. en 1 espacio de c., 1 c., **[3 p. a., 2 c., 3 p. a.] en los siguientes 3 espacios c.; rep. desde * dos veces más, y desde * hasta ** una vez más, una con p. r. en la tercera de las 3 c.

**Vueltas 4-19:** Cont. como se indica para la vuelta 3, haga 3 p. a., 2 c. en cada espacio

de c. de la vuelta anterior, y [3 p. a., 2 c., 3 p. a.] en cada esquina cambiando de color como se indica en la secuencia de la página. 48.
Remate y asegure los extremos entretejiéndolos.

## {04} Haga el ribete de la parte de atrás

Comenzando desde una esquina y con el hilo A, 3 c. (cuentan como 1 p. a.), 2 p. a., 2 c., 3 p. a. para hacer la esquina. Realice el ribete haciendo 1 p. a. en cada pt. y trabajando las esquinas como se ha indicado [3 p. a., 2 c., 3 p. a.], luego una con p. r. en la tercera de las 3 c. Remate y asegure los hilos sueltos entretejiéndolos.

## {05} Para acabar

Puede elegir coser la parte delantera y la de atrás, pero aquí estas piezas se han unido con ganchillo (*véase* pág. 138) para obtener un borde firme. Sea cual sea el método que utilice, una las piezas por tres lados. En el cuarto lado, únalas parcialmente dejando el tercio central abierto para poder meter el relleno del cojín. Cosa un botón en el punto medio (un espacio vacío en el tejido de ganchillo le servirá de ojal).

DISEÑADO POR
ILARIA CHIARATTI

# Cobertor de «cuadrados de la abuela» con ribete

En este cobertor se aprovecha el elemento más característico de la labor de ganchillo, el tradicional «cuadrado de la abuela», al que se le da un toque moderno. El «cuadrado de la abuela» constituía un modo de dar uso a los restos de hilo; en él, los colores se utilizaban al azar. Aquí, las combinaciones de colores son en parte fijas y en parte aleatorias; la elección de tonos cálidos e intensos da lugar a una pieza vibrante y llamativa.

## MATERIALES

Ovillos de 50 g (170 m) de Sheepjewol Cotton 8, cuatro en color 716 (naranja) (A) y 714 (amarillo) (B), cinco en color 665 (azul oscuro) (C), tres en color 663 (azul claro) (D) y 502 (blanco) (E) y dos de cada en color 720 (rosa intenso) (F), 563 (azul cobalto) (G) y 642 (verde manzana) (H), o un hilo similar (de 4 hebras y algodón 100 %)

Ganchillo de calibre 2,5 mm

Aguja de tapicería

## TAMAÑO

Aproximadamente 170 x 140 cm

## TENSIÓN

Un «cuadrado de la abuela» mide aproximadamente 13 cm².

## TÉCNICAS

- Hacer un cuadrado a partir de una cadeneta central (pág. 108)
- Crear un ribete de ganchillo en una pieza de ganchillo (pág. 130)

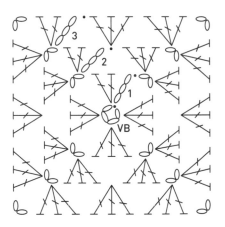

Motivos de cuadrados de la abuela
(vueltas 1–3): salen 120

## ANTES DE EMPEZAR

Hay que hacer 120 «cuadrados de la abuela» en total. Cada uno consta de seis vueltas. La 1 y la 2 siempre se hacen del mismo color (hilo A e hilo B). Las vueltas de la 3 a la 5 son aleatorias (use los colores que prefiera), pero haga las vueltas 4 y 5 del mismo color. La vuelta 6 siempre se hace con el hilo C. Por tanto, para cada motivo, las dos vueltas del centro y las exteriores son siempre en el mismo color.

En los lados del cuadrado de las vueltas 3-6, haga los grupos de 3 p. a. en los espacios entre los grupos de 3 p. a. de la vuelta anterior; en las esquinas, haga [3 p. a., 2 c., 3 p. a.] en los espacios de 2 c. de la vuelta anterior.

DISEÑADO POR
ANITA MUNDT

# MÉTODO

**{01} Haga los motivos de «cuadrado de la abuela» (para hacer 120)**

**Aro de base:** Con el hilo A, 4 c., únalas con p. r. para formar un aro.

**Vuelta 1:** 3 c. (se cuentan como 1 p. a.), 2 p. a., 2 c., [3 p. a., 2 c.] tres veces, p. r. en la tercera de las 3 c. para unir. Remate.

**Vuelta 2:** Una el hilo B a cualquier espacio de 2 c. de esquina, 3 c. (se cuentan como 1 p. a.), 2 p. a., 2 c., 3 p. a. en el mismo espacio, [3 p. a., 2 c., 3 p. a. en el siguiente espacio de esquina] tres veces, p. r. en la tercera de las 3 c. para unir. Remate.

**Vuelta 3:** Una cualquiera de los hilos D-H a un espacio de 2 c. de esquina, 3 c. (se cuentan como 1 p. a.), 2 p. a., 2 c., 3 p. a. en el mismo espacio, [3 p. a. en el siguiente espacio, 3 p. a., 2 c., 3 p. a. en el siguiente espacio de esquina] tres veces, 3 p. a. en el siguiente espacio, p. r. en la tercera de las 3 c. para unir. Remate.

**Vuelta 4:** Una cualquier hilo menos el C a cualquier espacio de 2 c. de esquina, 3 c. (se cuentan como 1 p. a.), 2 p. a., 2 c., 3 p. a. en el mismo espacio, *[3 p. a. en el siguiente espacio] dos veces, [3 p. a., 2 c., 3 p. a. en el siguiente espacio de esquina], rep. desde * tres veces, [3 p. a. en el siguiente espacio] dos veces, p. r. en la tercera de las 3 c. para unir. Remate.

**Vuelta 5:** Con el mismo hilo que haya usado en la vuelta 4, p. r. en el siguiente espacio de 2 c. de esquina, 3 c. (se cuentan como 1 p. a.), 2 p. a., 2 c., 3 p. a. en el mismo espacio, *[3 p. a. en el siguiente espacio] tres veces, [3 p. a., 2 c., 3 p. a. en el siguiente espacio de esquina], rep. desde * tres veces, [3 p. a. en el siguiente espacio] tres veces, p. r. en la tercera de las 3 c. para unir. Remate.

## Historia

Siempre me habían encantado las labores de ganchillo, pero cuando le pedí a mi abuela que me enseñara, me dijo que, al ser zurda, no podría hacerlo. Durante años, creí que tenía razón y me sentí muy decepcionada. Entonces, un día vi en internet un vídeo donde se enseñaba a la gente zurda a hacer los puntos básicos. ¡Yo también podía hacer ganchillo!

**Vuelta 6:** Una el hilo C a cualquier espacio de 2 c. de esquina, 3 c. (se cuentan como 1 p. a.), 2 p. a., 2 c., 3 p. a. en el mismo espacio, *[3 p. a. en el siguiente espacio] cuatro veces, [3 p. a., 2 c., 3 p. a. en el siguiente espacio de esquina], rep. desde * tres veces, [3 p. a. en el siguiente espacio] cuatro veces, p. r. en la tercera de las 3 c. para unir. Remate y asegure los hilos sueltos entretejiéndolos. Estire los motivos con plancha, humedeciéndolos o con alfileres, y luego únalos para formar un rectángulo de 10 x 12 cuadrados.

**{02} Haga el ribete**

**Vuelta 1:** Una el hilo C en cualquier esquina, 3 c. (cuentan como 1 p. a.), 2 p. a., 2 c., 3 p. a. en la primera esquina, [3 p. a. en cada espacio por el borde de la colcha, 3 p. a., 2 c., 3 p. a. en cada esquina] tres veces, 3 p. a. en cada espacio en el último lado de la colcha. P. r. en la tercera de las 3 c. iniciales para unir.

**Vuelta 2:** 1 m. p. en cada pt. por todo el borde, p. r. para unir al primer pt. Remate.

**Vuelta 3:** Con el hilo D, 1 m. p. a. en cada pt. por todo el borde. 2 c. en cada esquina. P. r. para unir al primer pt. Remate.

**Vuelta 4:** Con el hilo E, 1 m. p. a. en cada pt. por todo el borde, 2 c. en cada esquina. P. r. para unir al primer pt. Remate.

**Vuelta 5:** Con el hilo C, 1 m. p. a. en cada pt. por todo el borde, 2 c. en cada esquina. P. r. para unir al primer pt. Remate.

**Vuelta 6:** Con el hilo B, 3 c. (se cuentan como 1 p. a.), 2 p. a., 2 c., 3 p. a. en la primera esquina, *[sáltese 3 pts., 3 p. a. en el siguiente espacio, 1 c.] por el borde de la colcha, [3 p. a., 2 c., 3 p. a.] en la esquina, rep. desde * tres veces, [sáltese 3 pts., 3 p. a. en el siguiente espacio, 1 c.] en el último lado de la colcha,

p. r. para unir al primer pt. Remate.

**Vuelta 7:** Una el hilo A en un espacio de esquina, 3 c. (se cuentan como 1 p. a.), 2 p. a., 2 c., 3 p. a. en la primera esquina, *[3 p. a. en cada espacio, 1 c.] por el borde de la colcha, [3 p. a., 2 c., 3 p. a.] en cada esquina, rep. desde * tres veces, [3 p. a. en cada espacio, 1 c.] en el último lado de la colcha, p. r. para unir al primer pt. Remate.

**Vuelta 8:** Con el hilo F, haga igual que para la vuelta 7.

**Vuelta 9:** Con el hilo C, 1 m. p. en cada pt., p. r. para unir al primer pt. Remate.

**Vuelta 10:** Vuelva a unir el hilo C en cualquier esquina, *haga 1 p. a., 1 c., 1 p. a., 1 c., 1 p. a. en el mismo pt. de esquina para hacer una esquina, sáltese 1 pt., [1 p. a., 2 c., sáltese 2 pts.,

3 p. a. en los siguientes 3 pts., 2 c., sáltese 2 pts.] por todo el borde de la colcha, rep. desde * tres veces, p. r. para unir al primer pt.

**Vuelta 11:** *3 c. (se cuentan como 1 p. a.), 2 p. a. en el mismo pt., 1 c., picot (haga el picot con 3 c., una la primera c. a la última con p. r.), 1 c., 3 p. a. en el siguiente pt., 2 c., sáltese 2 pts. (esquina), p. r. en la parte superior del p. a. de la vuelta anterior, [2 c., sáltese 2 pts., 3 p. a. en el siguiente pt., 1 c., picot, 1 c., 3 pts. en el siguiente pt., 2 c., sáltese 2 pts., p. r. en la parte superior del p. a. de la vuelta anterior] por los bordes de la colcha, rep. desde * tres veces, al final del último borde, 2 c., luego una al primer pt. con p. r. Remate y asegure los hilos sueltos entretejiéndolos. Estire el ribete con plancha o humedeciéndolo.

# Agarradores de estilo retro

Estos dos agarradores aportarán un poco del glamur de los años cincuenta a la cocina. Para el redondo se ha usado el rojo, el azul y el color coral, una combinación clásica de mediados del siglo xx. Además, se ha conferido un bonito aspecto moteado trabajando con dos hilos de distinto color a la vez. Para el agarrador cuadrado se ha hecho un nudoso diseño de rayas con bodoques; los agarradores texturados y gruesos son los más prácticos.

## MATERIALES

**Agarrador redondo**
Ovillos de 50 g (155 m) de DMC Natura Just Cotton, de color rojo Passion 23 (A), terracota Terracotta 40 (B), blanco Ibiza 01 (C), arena Sable 03 (D) y aguamarina Aquamarine 25 (E), o un hilo similar (de 4 hebras y algodón 100 %)

**Agarrador cuadrado**
Ovillos de 50 g (155 m) de DMC Natura Just Cotton, de color blanco Ibiza 01 (A), azafrán Safran 47 (B), verde Green Smoke 54 (C), amarillo Golden Lemon 43 (D), rojo Passion 23 (E) y gris Gris Argent 09 (F) o un hilo similar (de 4 hebras y algodón 100 %)

Ganchillos de calibre 3 mm y 4 mm

Aguja de tapicería

## TAMAÑO

**Agarrador redondo:** aproximadamente 21 cm de diámetro.

**Agarrador cuadrado:** aproximadamente 20 cm².

## TENSIÓN

En estas labores no es esencial una tensión precisa, pero las distintas tensiones podrían modificar la cantidad de hilo necesaria.

DISEÑADO POR EMMA LAMB

## TÉCNICAS

**Agarrador redondo**
- Trabajar en redondo (pág. 102)
- Aumentar alrededor del aro (pág. 106)
- Unir hilo nuevo (pág. 100)
- Trabajar en espacios creados por puntos (pág. 125)
- Hacer conchas (pág. 128)
- Hacer presillas para botones (aquí se ha usado para colgar la pieza) (pág. 142)
- 

**Agarrador cuadrado**
- Hacer vueltas de punto alto (pág. 97)
- Hacer bodoques (pág. 122)
- Hacer presillas para botones (aquí se ha usado para colgar la pieza) (pág. 142)

# MÉTODO:
## AGARRADOR CUADRADO

### {01} Antes de empezar

El agarrador se hace con dos hilos juntos todo el rato. Tendrá que cambiar de color varias veces en esta labor; la primera vez es en la vuelta 5, cuando corte el hilo C y lo anude con el hilo E. Asegúrese de que el nudo quede lo más cerca posible de la labor; así le será más fácil ocultarlo cuando, más tarde, asegure los hilos sueltos entretejiéndolos.

### {02} Haga el agarrador

**Aro de base:** cogiendo juntos los hilos A y B y usando un ganchillo de 3 mm de calibre, 5 c., p. r. para construir la forma del aro.

**Vuelta 1:** 4 c. (se cuentan como 1 p. a. y 1 c.), [1 p. a., 1 c.] siete veces, p. r. en la tercera de 4 c. (8 p. a.)

**Vuelta 2:** p. r. en el siguiente espacio de c., 2 c. (se cuentan como 1 p. a.), 1 p. a. en el mismo espacio, 1 c., [2 p. a., 1 c.] en cada espacio de c. hasta el final, p. r. en la segunda de las 2 c. (8 grupos de 2 p. a.)

**Vuelta 3:** 3 c. (se cuentan como 1 p. a.), [3 p. a., 1 c.] siete veces, 2 p. a., p. r. en la segunda de las 3 c. (8 grupos de 3 p. a.)

**Vuelta 4:** p. r. en el siguiente espacio de c., 2 c. ( se cuentan como 1 p. a.), 1 p. a., 1 c., 1 p. a. en el mismo espacio, [2 p. a., 1 c., 2 p. a., 1 c.] en cada espacio de c. siete veces, p. r. en la segunda de las 2 c. Remate los dos hilos. (16 grupos de 2 p. a.)

**Vuelta 5:** Una los hilos C y D en cualquier espacio de la vuelta anterior, 4 c. (se cuentan como 1 p. a. y 1 c.), [3 p. a., 1 c.] en cada espacio de c. quince veces, 2 p. a., cambie el hilo C por el hilo E, p. r. en la tercera de las 4 c. (16 grupos de 3 p. a.)

**Vuelta 6:** p. r. en el siguiente espacio de c., 2 c. (se cuentan como 1 p. a.), 1 p. a. en el mismo espacio, 1 c., [2 p. a., 1 c., 2 p. a., 1 c.] en cada espacio de c. hasta el final, cambie un color (el hilo E por el hilo B), p. r. en la segunda de las 2 c. (32 grupos de 2 p. a.)

**Vuelta 7:** 3 c. (se cuentan como 1 p. a.), 2 p. a. en cada espacio de c. 31 veces, 1. p. a., cambie un color (hilo D a hilo A), p. r. en la segunda de 3 c. (32 grupos de 2. p. a.)

**Vuelta 8:** p. r. en el siguiente espacio de c., 2 c. (se cuentan como 1 p. a.), 1 p. a. en el mismo espacio, 1 c., [2 p. a., 1 c.] en cada espacio de c. hasta el final, p. r. en la segunda de las 2 c. (32 grupos de 2 p. a.)

**Vuelta 9:** 3 c. (se cuentan como 1 p. a.), 3 p. a. en cada espacio de c. 31 veces, 2 p. a., p. r. en la segunda de las 3 c. Remate los dos colores. (32 grupos de 3 p. a.)

**Vuelta 10:** Una los hilos D y E en cualquier espacio de c. de la vuelta anterior, 3 c. (se cuentan como 1 p. a.), 3 p. a. en cada espacio de c. 31 veces, 2 p. a., cambie un color (el hilo E por el hilo C), p. r. en la segunda de las 3 c. (32 grupos de 3 p. a.)

**Vuelta 11:** p. r. en el siguiente espacio, 2 c. (se cuentan como 1 p. a.), 2 p. a. en el mismo espacio, 1 c., [3 p. a., 1 c.] en cada espacio hasta el final, p. r. en la segunda de las 2 c. (32 grupos de 3 p. a.)

### {03} Haga el ribete y la presilla para colgar la pieza

**Vuelta 12:** 1 c., 1 m. p. en el mismo espacio que el p. r. de unión, 1 m. p. en cada uno de los siguientes 2 pts. y espacios de c., 12 c. (para hacer la presilla), 1 m. p. en el siguiente espacio de c., cont. la vuelta haciendo 1 m. p. en cada pt. y espacio de c., p. r. en primer m. p.

**Vuelta 13:** 1 c., haga otra vuelta de m. p. con 15 m. p. en la presilla de 12 c. Remate los dos hilos y asegure los hilos sueltos entretejiéndolos.

## MÉTODO:
# AGARRADOR CUADRADO

### {01} Antes de empezar

*Véase* en la pág. 122 el modo de hacer bodoques. Nótese que en este diseño, cada bodoque está compuesto de 7 p. a.

*Véase* en la pág. 41 el método alternativo de unir un nuevo hilo.

Combine los colores de los bodoques del modo siguiente:

Rayas 1 y 6 = hilo B
Rayas 2 y 8 = hilo C
Rayas 3 y 7 = hilo D
Rayas 4 y 9 = hilo E
Raya 5 = hilo F

### {02} Haga el agarrador

**Cadeneta de base:** Con el hilo A y un ganchillo de 4 mm, 49 c., dé la vuelta.

**Vuelta 1:** Comenzando en la tercera c. contando a partir de la posición de la aguja, haga una vuelta de 47 p. a. Asegure el punto que tiene en la aguja pasando el hilo por él y tirando fuerte. No corte el hilo; lo volverá a coger cuando haya acabado la primera vuelta de bodoques.

En este agarrador, la pieza tiene lado del derecho y lado del revés. Coloque la pieza sobre una superficie plana con el hilo del ovillo en la parte derecha; la parte de atrás de la vuelta que acaba de trabajar deberá estar mirando hacia arriba. Este es el lado del derecho.

**Vuelta 2 (vuelta de bodoques):** Con el lado del derecho mirando hacia arriba, haga la primera vuelta de bodoques. Con el hilo B y la técnica alternativa de unir hilo que se ha explicado en la página 41 [2 p. a., bodoque], quince veces, 2 p. a. Rematar el hilo B.

**Vuelta 3:** Con el lado del derecho mirando hacia arriba, tome el hilo A y cree un punto en la aguja en el primer p. a. de la vuelta de bodoques., 2 c. (se cuentan como 1 p. a.) y 1 p. a. en el mismo lugar, [sáltese bodoque, 2 p. a., 1 p. a.] hasta el final, dé la vuelta. (47 pts.)

**Vuelta 4:** 3 c. (se cuentan como 1 p. a.) y haga una vuelta de 47 p. a. Asegure el punto de la aguja como antes.

Las vueltas 2 a 4 fijan el patrón. Rep. vueltas 2-4 siete veces más haciendo los bodoques de acuerdo con la secuencia de colores que se indica en el paso 1.

Haga la vuelta 2 (vuelta de bodoques) una vez más con el hilo E y luego haga la vuelta 3 una vez más con el hilo A antes de empezar a hacer el ribete.

### {03} Haga el ribete

Con el lado del derecho hacia arriba, haga el ribete y la presilla como sigue:

**Vuelta 1:** 1 c., *haga uniformemente 54 m. p. a lo largo de un borde, 2 c., haga uniformemente 47 m. p. a lo largo del siguiente borde*, 15 c. (para formar la presilla), rep. desde * hasta *, 2 c., p. r. en el primer m. p.

**Vuelta 2:** 1 c., haga una vuelta de m. p., con 2 m. p. en cada espacio de esquina de 2 c. y 22 m. p. en los 15 espacios de c. de la presilla.

Remate y asegure todos los hilos sueltos entretejiéndolos.

## Historia

Como me confieso una obsesa del color, no resulta sorprendente que lo que prefiero de cualquier labor sea elegir los tonos. ¡Puedo pasarme horas enteras pensando en combinaciones de colores! Para estos agarradores sabía que quería un estilo retro de los años cincuenta, pero que aportase un toque fresco a algunas combinaciones de colores clásicas, además del innovador aspecto moteado.

# Funda de cojín de encaje y rayas

Los principales ingredientes de este proyecto son el bonito diseño de encaje hecho con una combinación de punto de concha y de enrejado, y las rayas de vivos colores. Los lados de la funda del cojín son motivos circulares basados en una variación del perenne «cuadrado de la abuela».

## MATERIALES

Ovillos de 50 g (133 m) de Annell Rapido, dos de color cian Light Cyan 3222 (A), naranja Orange 3221 (B), rosa Pink 3277 (C), rosa claro Light Pink 3233 (D), gris claro Light Grey 3356 (E) y blanco White 3260 (F) o un hilo similar (DK y acrílico)

Ganchillo de calibre 4 mm

Aguja de tapicería

4 botones de aproximadamente 2 cm de diámetro

Hilo y aguja de coser

Cojín cilíndrico

DISEÑADO POR ILARIA CHIARATTI

## TAMAÑO

44 cm de diámetro

## TENSIÓN

En estas labores no es esencial una tensión precisa; añada más vueltas si quiere adaptarlo a un cojín de mayor circunferencia.

## TÉCNICAS

- Hacer punto de enrejado (pág. 127)
- Hacer conchas (pág. 128)
- Hacer abanicos (pág. 129)
- Crear un ribete de ganchillo en una pieza de ganchillo (pág. 130)
- Unir costuras de ganchillo (pág. 138)

## ANTES DE EMPEZAR

La secuencia de colores para la parte principal de la funda del cojín es:
*2 vueltas con el hilo A
2 vueltas con el hilo B
3 vueltas con el hilo C
2 vueltas con el hilo D
2 vueltas con el hilo E**
2 vueltas con el hilo F*
Rep. desde * hasta * cuatro veces; luego, rep. desde * hasta ** una vez (63 vueltas en total)

La secuencia de colores para los lados de la funda del cojín es:
2 vueltas con el hilo A
2 vueltas con el hilo B
2 vueltas con el hilo C
2 vueltas con el hilo D
1 vuelta con el hilo F

## Historia

Cuando estaba diseñando este patrón, se me ocurrió la solución de dejar entrever el color subyacente del cojín, que era de un bonito color rosa intenso. Decidí utilizar colores vivos que creasen un contraste agradable entre sí y mantener el rosa como color principal. Los botones blancos son deliberadamente distintos y aportan un toque lúdico.

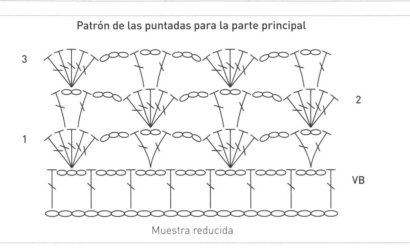

**Patrón de las puntadas para la parte principal**

3

2

1

VB

Muestra reducida

# MÉTODO

**{01} Haga la parte principal de la funda de cojín**

Cambie los hilos según la secuencia de colores que se indica en la sección «Antes de empezar».

**Vuelta de base:** haga 78 c. (72 c. para la vuelta de base, más 3 c., que se cuentan como 1 p. a., más 3 c.), 1 p. a. en la novena c. desde la posición de la aguja, *3 c., sáltese 2 c., 1 p. a. en la siguiente c., rep. desde * hasta el final de la vuelta, dé la vuelta. (25 p. a.)

**Vuelta 1:** 3 c. (se cuentan como 1 p. a.), 2 c., 1 p. a. en el mismo punto, en la base de las 3 c., *3 c., sáltese 3 espacios de c., 5 p. a. en los siguientes 3 espacios de c., 3 c., sáltese siguiente espacio de 3 c., 1 p. a., 2 c., 1 p. a. en siguiente espacio de 3 c., rep. desde * cuatro veces, 5 p. a. en siguiente espacio de 3 c., 3 c., 1 p. a., 2 c., 1 p. a. en último espacio de 3 c., dé la vuelta. (7 bloques de [1 p. a., 2 c., 1 p. a.] y 6 bloques de 5 p. a.)

**Vuelta 2:** 3 c. (se cuentan como 1 p. a.), haga 4 p. a. en el mismo espacio de c., *3 c., sáltese siguiente espacio de 3 c., 1 p. a. (entre el segundo y el tercer p. a. del bloque de 5 p. a. de la vuelta anterior), 2 c., 1 p. a. (entre el tercer y el cuarto p. a. del bloque de 5 p. a. de la vuelta anterior), 3 c., sáltese siguiente espacio de 3 c., 5 p. a. en espacio de 2 c. (entre los 2 p. a.), rep. desde * cinco veces, dé la vuelta. (7 bloques de 5 p. a. y 6 bloques de [1 p. a., 2 c., 1 p. a.])

**Vuelta 3:** p. r. en el primer pt., 1 p. a. (entre el segundo y el tercer p. a. del bloque de 5 p. a. de la vuelta anterior), 2 c., 1 p. a. (entre el tercer y el cuarto p. a. del bloque de 5 p. a. de la

vuelta anterior), *3 c., sáltese siguiente espacio de 3 c., 5 p. a. en espacio de 2 c. (entre los 2 p. a.), 3 c., sáltese siguiente espacio de 3 c., haga 1 p. a. (entre el segundo y el tercer p. a. del bloque de 5 p. a. de la vuelta anterior), 2 c., 1 p. a. (entre el tercer y el cuarto p. a. del bloque de 5 p. a. de la vuelta anterior), rep. desde * hasta el final de la vuelta, dé la vuelta. (7 bloques de [1 p. a., 2 c., 1 p. a.] y 6 bloques de p. a.) Repita las vueltas 2 y 3 hasta tener 63 vueltas en total.

**Vuelta 64:** Con el hilo F, *1 p. a. entre cada p. a. del bloque de 5 p. a. de la vuelta anterior (4 p. a.), 2 p. a. en siguiente espacio de 3 c., 2 p. a. en espacio de 2 c. (entre el segundo y el tercer p. a. de la vuelta anterior), 2 p. a. en siguiente espacio de 3 c., rep. desde * cinco veces, 1 p. a. entre cada p. a. del bloque de 5 p. a. de la vuelta anterior (4 p. a.). (64 p. a.) Remate y asegure los hilos sueltos.

**{02} Haga los bordes de los lados de la funda de cojín**

**Vuelta 1:** Con el hilo F, haga un ribete para los lados largos del rectángulo. Comenzando en una esquina, 3 c. (se cuentan como 1 p. a.),

3 c., haga [1 p. a., 3 c.] igual en cada espacio entre las vueltas 2 y 3, acabando con 1 p. a. en el último espacio, dé la vuelta. (32 p. a.)

**Vuelta 2:** 3 c. (se cuentan como 1 p. a.), 2 p. a. en el mismo espacio, luego 3 p. a. en cada espacio de 3 c. de la vuelta anterior, dé la vuelta (96 p. a.)

**Vuelta 3:** Como la vuelta 2.

Remate y asegure los hilos sueltos.

Rep. lo mismo en el segundo borde.

**{03} Haga los lados de la funda de cojín**

Cambie los hilos según la secuencia que se indica en la sección «Antes de empezar».

**Aro de base:** Con el hilo A, 4 c., una con p. r. para formar un aro.

**Vuelta 1:** 3 c. (se cuentan como 1 p. a.), 7 p. a. en el aro, una con p. r. en la tercera de las 3 c. (8 p. a.)

**Vuelta 2:** 3 c. (se cuentan como 1 p. a.), 1 p. a., 1 c. en el mismo espacio, en la base de las 3 c., *2 p. a., 1 c. en el espacio entre los siguientes 2 p. a., rep. desde * hasta el final, una con p. r. en la tercera de las 3 c. Remate (8 grupos de 2 p. a.)

**Vuelta 3:** Una el hilo B en cualquier espacio de la vuelta anterior, 3 c. (se cuentan como 1 p. a.), 2 p. a., 2 c. en el mismo espacio, en la base de las 3 c., *3 p. a., 2 c. en el siguiente espacio de c., rep. desde * hasta el final, una con p. r. en la tercera de las 3 c. Remate. (8 grupos de 3 p. a.)

**Vuelta 4:** 3 c. (se cuentan como 1 p. a.), 1 p. a., 1 c., 2 p. a., 1 c. en el mismo espacio, en la base de las 3 c., *[2 p. a., 1 c.] dos veces en el siguiente espacio de 2 c., rep. desde * hasta el final, una con p. r. en la tercera de las 3 c. Remate. (16 grupos de 2 p. a.)

**Vuelta 5:** Una el hilo C en cualquier espacio de la vuelta anterior, 3 c. (se cuentan como

1 p. a.), 1 p. a., 2 c. en el mismo espacio, en la base de las 3 c., *2 p. a., 2 c. en el siguiente espacio de c., rep. desde * hasta el final, una con p. r. en la tercera de las 3 c. Remate. (16 grupos de 2 p. a.)

**Vuelta 6:** 3 c. (se cuentan como 1 p. a.), 1 p. a., 1 c., 2 p. a., 1 c. en el mismo espacio, en la base de las 3 c., *[2 p. a., 1 c., 2 p. a., 1 c.] en el siguiente espacio de 2 c., rep. desde * hasta el final, una con p. r. en la tercera de las 3 c. Remate. (32 grupos de 2 p. a.)

**Vuelta 7:** Una el hilo D en cualquier espacio de la vuelta anterior, 3 c. (se cuentan como 1 p. a.), 1 p. a., 1 c. en el mismo espacio, en la base de las 3 c., *2 p. a., 1 c. en el siguiente espacio de c., rep. desde * hasta el final, una con p. r. en la tercera de las 3 c. Remate. (32 grupos de 2 p. a.)

**Vuelta 8:** Haga como en la vuelta 7, pero cont. con el hilo D. Remate.

**Vuelta 9:** Una el hilo F en cualquier espacio de la vuelta anterior, 3 c. (se cuentan como 1 p. a.), 2 p. a. en el mismo espacio, en la base de las 3 c., *3 p. a. en el siguiente espacio de c., rep. desde * hasta el final, una con p. r. en la tercera de las 3 c. (32 grupos de 3 p. a.)

Remate y asegure los hilos sueltos.

**{04} Monte la funda del cojín**

Ahora que ya tiene las tres piezas listas (el rectángulo y los dos círculos), préndalas con alfileres al cojín. Con el hilo F, cósalas dejando una abertura para meter el cojín. Cosa cuatro botones en el borde blanco de la parte principal del cojín.

# Cobertor con motivos hexagonales

Trabajar con motivos es una manera satisfactoria de crear piezas modulares como cobertores. Puede hacer tantos motivos como desee: así personalizará una pieza hasta el tamaño que quiera. Los motivos también ofrecen un modo muy atractivo de experimentar con los colores. Aquí, se han usado colores vivos en combinaciones aleatorias, unificadas por el color crema del fondo.

## MATERIALES

Ovillos de 50 g (170 m) de Sheepjeswol Cotton 8 o un hilo similar (de 4 hebras y 100 % algodón): cinco de color crudo Ecru 501 (MC), dos de color azul claro Light Aqua 663, dos de azul más oscuro Dark Aqua 665, dos de rojo Red 510, dos de rojo oscuro Dark Red 717; y uno de color verde claro Light Green 517, otro verde musgo Moss Green 669, otro amarillo Yellow 714 y otro naranja Orange 639

Ganchillo de calibre 2,5 mm

Aguja de tapicería

## TAMAÑO

Aproximadamente 120 cm²

## TENSIÓN

Cada motivo mide aproximadamente 9 cm en la parte más ancha.

## TÉCNICAS

- Medir la tensión de un motivo (pág. 11)
- El método del aro deslizado para empezar una vuelta (pág. 104)
- Hacer racimos (pág. 120)
- Unir motivos (pág. 139 y 140)

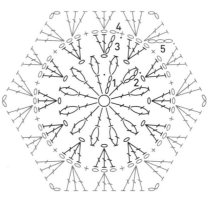

**Motivos hexagonales:**
Haga las vueltas 1-3 iguales para los motivos con círculo y con forma estrellada centrales. Haga las vueltas 4-5 como se indica arriba para los motivos con un círculo central; *véanse* en la página 66 los métodos para la vuelta 4 de los motivos de forma estrellada.

DISEÑADO POR ANITA MUNDT

# ANTES DE EMPEZAR

Tendrá que hacer 196 hexágonos enteros y 14 hexágonos a la mitad. De los 196 hexágonos enteros, alrededor de un cuarto deberá tener una forma estrellada en el centro, y el resto, un círculo. (No es necesario que esta proporción sea exacta mientras el número total sea de 196).

Las vueltas 1-3 están hechas con un color distinto y siguiendo una secuencia aleatoria; el motivo siempre se completa con hilo de color crema.

La vuelta 2 de cada motivo lleva un racimo de 2 p. a. Hágalo del modo siguiente:

Pase el hilo alrededor de la aguja y pase la aguja por el punto, tome hilo y páselo por los puntos de la aguja para que haya tres puntos en ella; pase de nuevo el hilo alrededor de la aguja y por los dos primeros puntos de la aguja dejando dos puntos en ella. Pase luego el hilo alrededor de la aguja y por el mismo punto, tome hilo y páselo para que haya cuatro puntos en la aguja. Pase de nuevo

el hilo alrededor de la aguja y por los primeros dos puntos dejando tres puntos en la aguja. Vuelva a pasar el hilo alrededor de la aguja y por los tres puntos restantes.

Los motivos se unen juntando dos por los lados del derecho, haciendo p. r. en los espacios de esquina, 3 c., y luego p. r. uniendo los dos motivos entre cada grupo de 3 p. a. Cont. así por un lado del motivo y acabe con p. r. en el último espacio de esquina. Para unir motivos, *véanse* págs. 139-140.

## MÉTODO

**{01} Haga los motivos centrales del círculo**
Haga un aro deslizado y luego continúe del modo siguiente:

**Vuelta 1:** 3 c. (se cuentan como 1 p. a.), 11 p. a. en el círculo, p. r. en la tercera de las 3 c. para unir la vuelta. Remate. (12 p. a.)

**Vuelta 2:** Una un nuevo color en cualquier punto de la vuelta anterior, haga 3 c. (se cuentan como 1 p. a.) y 1 p. a. en el mismo pt., 1 c., [2 racimos de p. a., 1 c. en p. a. de vuelta anterior] once veces, p. r. en la tercera de las 3 c. para unir la vuelta. Remate. (12 racimos de 2 p. a.)

**Vuelta 3:** Una un nuevo color en cualquier punto de la vuelta anterior, haga 3 c. (se cuentan como 1 p. a.) y 2 p. a. en el mismo pt. (para hacer un grupo de 3 p. a.), [3 p. a. en siguiente espacio de c.] once veces (cada 3 p. a. crean un «grupo»; los grupos quedan con un espacio entre cada uno), p. r. en la tercera de las 3 c. para unir la vuelta. Remate. (12 racimos de 3 p. a.)

**Vuelta 4:** Una CP en cualquier espacio entre los grupos de 3 p. a. de la vuelta anterior, [3 c.,

Motivos centrales del círculo

m. p. en espacio entre el siguiente grupo de 3 p. a.] doce veces, una la vuelta con p. r.

**Vuelta 5:** Haga 3 c. (se cuentan como 1 p. a.), 2 p. a., 2 c., 3 p. a. en espacio de 3 c., [3 p. a. en siguiente espacio de 3 c., 3 p. a., 2 c., 3 p. a. en siguiente espacio de 3 c.] cinco veces, 3 p. a. en siguiente espacio de 3 c., p. r. en la tercera de las 3 c. para unir la vuelta. Remate y asegure los hilos sueltos entretejiéndolos.

Motivos centrales de estrella

**{02} Haga los motivos centrales de estrella**
Haga un aro deslizado, luego haga las vueltas 1-3 como para los motivos centrales circulares.

**Vuelta 4:** Una CP en cualquier espacio entre los grupos de 3 p. a. de la vuelta anterior, 3c. (se cuentan como 1 p. a.), 2 p. a., 2 c., 3 p. a. en el mismo espacio, [3 p. a. en el espacio entre los siguientes dos grupos de 3 p. a.,

Motivo de medio hexágono

**Vuelta 4:** p. r. en la parte superior del primer p. a., 1 c., 1 m. p. en el espacio entre dos grupos de p. a., [3 c., 1 m. p. en el espacio entre el siguiente grupo de 3 p. a.] cinco veces, 1 c., p. r. en la parte superior del último p. a., dé la vuelta.

**Vuelta 5:** Haga 3 c. (se cuentan como 1 p. a.) y 1 p. a. en espacio de c., [3 p. a. en el siguiente espacio de 3 c.] dos veces, [3 p. a., 2 c., 3 p. a. en el siguiente espacio de 3 c., 3 p. a. en el siguiente espacio de 3 c.] dos veces, 2 p. a. en la parte superior del espacio de c. de la vuelta anterior, p. r. y remate. Asegure los hilos sueltos entretejiéndolos.

## {04} Monte el cobertor

Estire los motivos hexagonales con plancha, humedeciéndolos o con alfileres; luego una los motivos en vueltas de 14. Una 14 vueltas para montar un cobertor que consista en 14 x 14 motivos hexagonales (196 en total). Llene los espacios de los bordes laterales con motivos de medio hexágono para que queden rectos.

## {05} Haga el ribete

Con el CP, haga 1 m. p. a. en cada pt. solo por los lados rectos. Remate y asegure los hilos sueltos entretejiéndolos.

3 p. a., 2 c., 3 p. a. en el siguiente espacio entre dos grupos de 3 p. a.] cinco veces, 3 p. a. en el espacio entre dos grupos de 3 p. a., p. r. en la tercera de 3 c. para unir la vuelta. Remate y asegure los hilos sueltos entretejiéndolos.

## {03} Haga 14 motivos de medio hexágono

Haga un aro deslizado y luego trabaje del modo siguiente:

**Vuelta 1:** 3 c. (se cuentan como 1 p. a.), 6 p. a., p. r., remate. Nuevo hilo con p. r. en el mismo extremo donde comenzó la vuelta anterior.

**Vuelta 2:** 3 c. (se cuentan como 1 p. a.), 1 p. a. en el mismo pt., 1 c. [racimo de 2 p. a., 1 c. en pt. de vuelta anterior] seis veces, p. r., remate. Una nuevo hilo con p. r. en el mismo extremo donde comenzó la vuelta anterior.

**Vuelta 3:** 3 c. (se cuentan como 1 p. a.), en la parte superior del primer racimo de 2 p. a., [3 p. a. en el espacio de c. de la vuelta anterior] seis veces, 1 p. a. en la parte superior del último racimo de 2 p. a., p. r., remate. Una CP con p. r. en el mismo extremo donde empezó la vuelta anterior.

## Historia

Mi sofá liso de color crema necesitaba algo que unificara todos los colores del resto de la habitación. No me entusiasman los cojines, así que decidí hacer un cobertor para el respaldo del sofá. Tenía que incluir bastantes colores, pero como están solos en el centro de los hexágonos, la pieza no quedó demasiado abigarrada.

# Fundas para dispositivos con motivo de monstruo

Muy fáciles de hacer: la forma básica de estas fundas es un rectángulo confeccionado con vueltas de medio punto. Las fundas del iPad y del Kindle se cierran con una solapa que se extiende desde la parte de atrás de la funda y se dobla sobre la parte delantera; su tamaño disminuye en los lados para darle forma de sobre. La funda del iPod está abierta por un extremo y su solapa se cierra sobre la parte trasera.

## MATERIALES

Ovillos de 50 g (155 m) de Sirdar Contry Style, dos en azul verdoso Soft Teal 602 (A) y uno en color miel Honey 399 (B), otro en color ámbar Amber 394 (D), otro en color manzana Apples 599 (E), otro blanco White 412 (F), otro morado Heather 529 (G) y otro rojo Rustic Red 396 (H), o un hilo similar (lana DK y mezcla de nailon/acrílico)

Restos de hilo DK negro (C)

Ganchillo de calibre 3,5 mm

Un botón verde y otro rojo, cada uno de aproximadamente 2 cm de diámetro

Velcro

Cuentas pequeñas de color negro para el centro de los ojos (opcional si se prefiere no hacer nudos franceses)

## TAMAÑO

Aquí se dan las medidas para la pieza acabada principal, sin contar los elementos adicionales como los cuernos o los pies.

**Funda de iPad:** 20,5 x 25 cm

**Funda de Kindle:**

*Pequeña*: 14 x 19 cm (para un Kindle de hasta 12 x 17 cm)
*Mediana*: 14,5 x 21 cm (para un Kindle de hasta 12,5 x 19 cm)
*Grande*: 16 x 21 cm (para un Kindle de hasta 14 x 19 cm)

**Funda de iPod:** 8,5 x 14 cm (servirá tanto para iPod como para iPhone)

## TENSIÓN

18,5 pts. y 24 vueltas de m. p. en 10 cm$^2$ con una aguja de 3,5 mm

Después de hacer unas pocas vueltas de la pieza principal de cada funda, merece la pena comprobar la tensión para asegurarse de que la funda tendrá el tamaño deseado.

## TÉCNICAS

- Hacer vueltas de medio punto (pág. 93)
- Hacer piñas de varetas (pág. 123)
- Hacer presillas para botones y ojales (págs. 141 y 142)
- Bordado de superficie (pág. 134)
- Ganchillo de superficie (pág. 135)

DISEÑADO POR
CARA MEDUS

## ANTES DE EMPEZAR

Para hacer una disminución de 2 m. p. juntos: haga dos medios puntos juntos en los dos puntos siguientes (disminución de un punto).

La funda del iPad tiene piñas de varetas (*véase* la pág. 123).

Haga las PV (piñas de varetas) del modo siguiente:

*Pase el hilo alrededor de la aguja y meta la aguja en el siguiente pt., vuelva a pasar el hilo alrededor de la aguja y hágalo pasar por los dos primeros puntos que tiene en la aguja, rep. desde * cuatro veces, vuelva a pasar el hilo alrededor de la aguja y hágalo pasar por los seis puntos que tiene en la aguja.

Las piezas donde se especifica que hay que dejar una cola de hilo larga después de rematar son aquellas donde se necesita hilo extra para coserlas a la funda principal.

### Historia

Cuando hice la pieza principal de la funda del iPad, la tensión iba variando a medida que trabajaba, así que probé a estirar la pieza para darle el tamaño que me hacía falta. Me sentí aliviada al ver que funcionaba, así que, créame: si tiene problemas similares, ¡no pierda la esperanza! A mi hijo le encantaron los monstruos y les puso nombres. Parece que tendré que hacerle otro para su cumpleaños

## MÉTODO: FUNDA DEL IPAD

**{01} Haga la parte delantera**

Con el hilo A, 39 c.

**Vuelta 1 (lado del derecho):** 1 c., 1 m. p. en cada c. com. con la segunda c. a contar desde la posición de la aguja, dé la vuelta. (38 pts.)

**Vuelta 2:** 1 c., 1 m. p. en cada pt. hasta el final, dé la vuelta.

Rep. última vuelta dos veces.

Comience con las piñas de varetas de la parte delantera:

**Vuelta 5 (lado del derecho):** 1 c., 3 m. p., PV, 1 m. p. en cada pt. hasta los últimos 5 pts., PV, 4 m. p., dé la vuelta.

**Vuelta 6 y todas las vueltas del revés:** 1 c., 1 m. p. en cada pt. hasta el final, dé la vuelta.

**Vuelta 7:** 1 c., 6 m. p., PV, 1 m. p. en cada pt. hasta los últimos 8 pts., PV, 7 m. p., dé la vuelta.

**Vuelta 9:** 1 c., 4 m. p., PV, 1 m. p. en cada pt. hasta los últimos 4 pts., PV, 3 m. p., dé la vuelta.

**Vuelta 11:** 1 c., 7 m. p., PV, 1 m. p. en cada pt. hasta los últimos 7 pts., PV, 6 m. p., dé la vuelta.

**Vuelta 13:** 1 c., 3 m. p., PV, 1 m. p. en cada pt. hasta el final, dé la vuelta.

**Vuelta 15:** 1 c., 7 m. p., PV, 1 m. p. en cada pt. hasta los últimos 8 pts., PV, 3 m. p., PV, 3 m. p., dé la vuelta.

**Vuelta 17:** 1 c., 4 m. p., PV, 1 m. p. en cada pt. hasta los últimos 6 pts., PV, 5 m. p., dé la vuelta.

**Vuelta 19:** 1 c., 3 m. p., PV, 1 m. p. en cada pt. hasta los últimos 11 pts., PV, 6 m. p., PV, 3 m. p., dé la vuelta.

**Vuelta 21:** 1 c., 5 m. p., PV, 4 m. p., PV, 1 m. p. en cada pt. hasta los últimos 6 pts., PV, 5 m. p., dé la vuelta.

**Vuelta 23:** 1 c., 8 m. p., PV, 1 m. p. en cada pt. hasta los últimos 9 pts., PV, 8 m. p., dé la vuelta.

**Vuelta 25:** 1 c., 4 m. p., PV, 1 m. p. en cada pt.

hasta los últimos 13 pts., PV, 7 m. p., PV, 4 m. p., dé la vuelta.

**Vuelta 27:** 1 c., 7 m. p., PV, 4 m. p., PV, 1 m. p. en cada pt. hasta los últimos 8 pts., PV, 7 m. p., dé la vuelta.

**Vuelta 29:** 1 c., 3 m. p., PV, 6 m. p., PV, 1 m. p. en cada pt. hasta los últimos 10 pts., PV, 5 m. p., PV, 3 m. p., dé la vuelta.

**Vuelta 31:** 1 c., 6 m. p., PV, 11 m. p. en cada pt. hasta los últimos 7 pts., PV, 6 m. p., dé la vuelta.

**Vuelta 33:** 1 c., [4 m. p., PV] dos veces, 1 m. p. en cada pt. hasta los últimos 10 pts., [PV, 4 m. p.] dos veces, dé la vuelta.

**Vuelta 35:** 1 c., 7 m. p., PV, 1 m. p. en cada pt. hasta los últimos 7 pts., PV, 6 m. p., dé la vuelta.

**Vuelta 37:** 1 c., 3 m. p., PV, 1 m. p. en cada pt. hasta los últimos 4 pts., PV, 3 m. p., dé la vuelta.

Cont. haciendo vueltas de m. p. (como en la vuelta 2) hasta que la delantera mida 23 cm. Remate y asegure los hilos sueltos entretejiéndolos.

**{02} Haga la parte de atrás**

Con el hilo A, 39 c.

**Vuelta 1 (lado del derecho):** 1 c., 1 m. p. en cada c. comenzando con la segunda c. desde la posición de la aguja, dé la vuelta. (38 pts.)

**Vuelta 2:** 1 c., 1 m. p. en cada pt. hasta el final, dé la vuelta.

Rep. la última vuelta hasta que la parte de atrás mida igual que la delantera, acabando con una vuelta del revés.

**Siguiente vuelta (lado del derecho):** p. r., 1 m. p. en cada pt. hasta el último pt., deje sin hacer el último pt. y dé la vuelta. (36 pts.)

Rep. última vuelta hasta que la parte de atrás mida 25 cm, acabando con una vuelta del revés.

**Siguiente vuelta (lado del derecho):** 1 c. y tomando solo la hebra de atrás de los puntos de la vuelta anterior, 1 m. p. en cada pt. hasta el final, dé la vuelta. Así creará una línea de doblez.

Haga la solapa:

**Siguiente vuelta (lado del revés):** 1 c., (trabajando los puntos de manera normal), 1 m. p. en cada pt. hasta el final, dé la vuelta. Rep. la última vuelta dos veces.

Comience a disminuir y haga las piñas de varetas para la solapa:

**Vuelta 1 (lado del derecho):** 1 c., 2 m. p. juntos, 3 m. p., PV, 1 m. p. en cada pt. hasta los últimos 10 pts., PV, 7 m. p., 2 m. p. juntos, dé la vuelta. (34 pts.)

**Vuelta 2 y todas las vueltas del lado del revés:** 1 c., 1 m. p. en cada pt. hasta el final, dé la vuelta.

**Vuelta 3:** 1 c., 1 m. p. en cada pt. hasta los 4 últimos pts., PV, 3 m. p.

**Vuelta 5:** 1 c., 2 m. p. juntos, 2 m. p., PV, 1 m. p. en cada pt. hasta los últimos 2 pts., 2 m. p. juntos, dé la vuelta. (32 pts.)

**Vuelta 7:** 1 c., 6 m. p., PV, 1 m. p. en cada pt. hasta los últimos 4 pts., PV, 3 m. p., dé la vuelta.

**Vuelta 9:** 1 c., 2 m. p. juntos, 2 m. p., PV, 1 m. p. en cada pt. hasta los últimos 2 pts., 2 m. p. juntos, dé la vuelta. (30 pts.)

**Vuelta 11:** 1 c., 1 m. p. en cada pt. hasta los últimos 6 pts., PV, 5 m. p., dé la vuelta.

**Vuelta 13:** 1 c., 2 m. p. juntos, 1 m. p. en cada pt. hasta los últimos 2 pts., 2 m. p. juntos, dé la vuelta. (28 pts.)

**Vuelta 14 (lado del revés):** como en la vuelta 13. (26 pts.)
Remate y asegure los hilos sueltos entretejiéndolos.

Con el lado del revés hacia arriba, junte la parte frontal y la de atrás y sobrecosa las costuras laterales e inferior

Haga el borde de la solapa y la presilla para el botón:
Comience el ribete de la solapa en el punto de la parte posterior donde acaba la costura. Vuelva a unir el hilo A con el lado del derecho mirando hacia arriba. Haga m. p. uniformemente hasta la línea de doblez y por uno de los lados de la solapa, con

1 m. p. en cada final de vuelta y 2 m. p. en la esquina.

Cuando trabaje por el borde inferior de la solapa, haga 13 m. p. hasta el centro y realice la presilla del botón como sigue: 8 c. y p. r. en el m. p. de la base de la c., y dé la vuelta. Siga haciendo m. p. en cada pt. alrededor del resto de la solapa hasta que alcance la costura de la parte posterior. Remate y asegure los hilos sueltos entretejiéndolos.

### {03} Haga la tripa
Con el hilo B, haga 21 c.
**Vuelta 1 (lado del derecho):** 1 c., 1 m. p. en cada pt. hasta el final, dé la vuelta. (20 pts)
**Vuelta 2:** 1 c., 1 m. p. en cada pt. hasta el final, dé la vuelta.
**Vuelta 3:** 1 c., 2 m. p. juntos, 1 m. p. en cada pt. hasta los últimos 2 pts., 2 m. p. juntos, dé la vuelta. (18 pts.)
Cont. con m. p. hasta hacer 20 vueltas, con una vuelta decreciente como la vuelta 3 en las vueltas 7, 11, 15, 17, 19 y 20.
Remate dejando una cola de hilo larga. Entreteja el hilo suelto en la parte del comienzo. Con el hilo C, cosa una cruz pequeña en el centro de la sexta vuelta. Cosa la tripa en la parte frontal alineando el borde inferior con la costura inferior y colocándolo en una posición central.

### {04} Haga los cuernos
Con el hilo D, haga 2 c. Haga 8 m. p. en la primera de estas c. y cont. trabajando en estos 8 pts. con un m. p. en cada pt. Trabaje en espiral sin cerrar la vuelta con un p. r. hasta que el cuerno mida 3 cm de largo. Remate y

deje una cola de hilo larga. Rep. con el hilo B haciendo un cuerno de 2 cm de largo y, con el hilo E, haciendo un cuerno de 2,5 cm. Cosa los tres cuernos en el centro de la línea de doblez de la parte superior.

### {05} Haga los dedos de los pies (para hacer 6)
Con el hilo D, haga 2 c. Haga 6 m. p. en la primera de estas c. y cont. trabajando en estos 6 pts. igual que con los cuernos hasta que cada uno mida 3 cm de largo. Remate y deje una cola de hilo larga. Cosa los dedos en dos grupos de tres a la costura inferior; cada grupo a 1,5 cm de la costura lateral.

### {06} Haga la nariz
Con el hilo E, haga 5 c.
**Vuelta 1:** 3 m. p. com. en la segunda c. desde la posición de la aguja, 4 m. p. en la última c. Gire la labor 180 grados para trabajar por el otro lado de la cadeneta de base. Sáltese la c. de la base del pt. que acaba de hacer, 2 m. p., 3 m. p. en el siguiente pt., p. r. en el primer pt. de la vuelta para unir. (12 pts.)
**Vuelta 2:** 1 c. comenzando con el pt. de la base de la c., *4 m. p., [2 m. p. en el siguiente pt.] dos veces, rep. desde * una vez, p. r. en la primera c. de la vuelta para unir. (16 pts.)
**Vuelta 3:** 1 c., *5 m. p., 2 m. p. en el siguiente pt., 1 m. p., 2 m. p. en el siguiente pt., rep. desde * una vez, p. r. en la primera c. de la vuelta para unir. (20 pts.)
**Vuelta 4:** 1 c., *5 m. p., [2 m. p. en el siguiente pt., 1 m. p.] dos veces, 2 m. p. en el siguiente pt., rep. desde * una vez, p. r. en la primera c. de la vuelta para unir. (26 pts.)
Remate dejando una cola de hilo larga. Cosa la nariz a la parte frontal de modo

que la presilla esté en el lugar adecuado para que el botón quede justo en el centro de la nariz. Cosa el botón verde.

### {07} Haga los ojos
Haga el ojo grande: Con el hilo F, haga un aro deslizado (*véase* pág. 104):
**Vuelta 1:** 1 c., 6 m. p. en el aro, p. r. en la primera c. para unir. Cierre el aro. (6 pts.)
**Vuelta 2:** 1 c., 2 m. p. en cada pt., p. r. en la primera c. para unir. (12 pts.)
**Vuelta 3:** 1 c., *1 m. p., 2 m. p. en el siguiente pt., rep. desde * cinco veces, p. r. en la primera c. para unir. (18 pts.)
**Vuelta 4:** 1 c., *2 m. p., 2 m. p. en el siguiente pt., rep. desde * cinco veces, p. r. en la primera c. para unir. (24 pts.)
**Vuelta 5:** 1 c., *3 m. p., 2 m. p. en el siguiente pt., rep. desde * cinco veces, p. r. en la primera c. para unir. (30 pts.)
**Vuelta 6:** 1 c., *4 m. p., 2 m. p. en el siguiente pt., rep. desde * cinco veces, p. r. en la primera c. para unir. (36 pts.)
Remate dejando una cola de hilo larga.

Haga el ojo pequeño como el ojo grande hasta el final de la vuelta 4. Remate dejando una cola de hilo larga.

Con el hilo C, cosa un nudo francés en el centro de cada ojo o utilice cuentas pequeñas de color negro. Cosa los ojos en su lugar en la solapa.

### {08} Haga la boca
Con el hilo C, cosa una boca con punto atrás usando como guía la imagen de la página. 71.

# MÉTODO: FUNDA DEL IPOD

## {01} Haga la funda

Con el hilo D, 34 c.

**Vuelta 1 (lado del derecho):** 1 c., m. p. en cada c. com. con la segunda c. desde la posición de la aguja, dé la vuelta (33 pts.)

**Vuelta 2:** 1 c., 1 m. p. en cada c. hasta el final, dé la vuelta. Cambie al hilo H, pero no remate el D.

Haga 2 filas de m. p.

Cont. alternando dos vueltas de hilo D con dos vueltas de hilo H hasta que la labor mida 14 cm y acabe con un número uniforme de vueltas para que la raya quede completa. Remate y asegure los hilos sueltos entretejiéndolos.

Doble la pieza a la mitad para que mida 14 cm de largo, con el lado del revés mirando hacia arriba. Cosa una costura con punto atrás por el lado largo dejando un punto de margen de costura. Dele la vuelta a la pieza cosida y sobrecosa la costura del lado corto.

## {02} Haga las orejas

Hay tres rayas de color en cada oreja; decida de qué color será la raya que quedará al lado de la oreja en la funda y luego comience y acabe la oreja con el color alterno; así se respetará el patrón de rayas. Por ejemplo, si la raya final de la funda está hecha con el hilo D, entonces, comience la oreja con el hilo H para tener H/D/H.

Haga la primera oreja para coserla en el borde que tiene la costura cerrada:
Con H (D), haga un aro deslizado.

**Vuelta 1:** 1 c. y 6 m. p. en el aro. Cont. trabajando estos 6 pts. con 1 m. p. en cada

uno. Teja en espiral sin cerrar la vuelta con un p. r.

**Vuelta 2:** 2 m. p. en cada pt. Cierre el aro deslizado. (12 pts.)

Cambie al hilo D (H) y haga otras dos vueltas de m. p. en estos 12 pts. Cambie al color alterno y rep. las dos últimas vueltas una vez. Remate dejando una cola de hilo largo.

Haga la segunda oreja con solapa para coserla en el lado abierto:
Rep. estas seis vueltas para la segunda oreja, pero sin rematar al final. Cambie al color alterno, 6 m. p., dé la vuelta. (6 pts.)

**Siguiente vuelta:** 1 c., 6 m. p., dé la vuelta.
Rep. la última vuelta cuatro veces o hasta que estas vueltas de 6 pts. midan aproximadamente 3 cm.
Remate y asegure los hilos sueltos entretejiéndolos.

Cosa la segunda oreja a la parte delantera del borde abierto de la funda (a la vez que cose juntas las dos partes del extremo inferior de la oreja para cerrarla). Deje la solapa suelta para que se pueda adherir a la parte posterior de la funda con velcro. Cosa el velcro en su lugar para que la solapa se pueda adherir. Cosa la primera oreja en el extremo que tiene la costura cerrada (a la vez que cose las dos partes del extremo inferior de la oreja para cerrarla).

## {03} Haga los ojos (para hacer 3)

Con el hilo F, haga las vueltas 1-3 como se indica para el ojo grande de la funda del iPad. Remate dejando una cola de hilo larga. Con el hilo C, cosa un nudo francés en el centro, o utilice una cuenta pequeña de color negro si lo prefiere. Cosa los tres ojos en la parte frontal de la funda.

## {04} Haga el pelo

Con el hilo G, haga el pelo como se indica para la funda del Kindle (*véase* pág. siguiente). Remate dejando una cola de hilo larga y asegure los hilos sueltos entretejiéndolos en la parte del comienzo. Cosa el pelo en la parte superior central de la funda.

## {05} Haga la boca

Con el hilo C, haga una boca con punto atrás, tal y como se muestra en la fotografía.

Rep. la última vuelta hasta que la parte de atrás mida lo mismo que la delantera (17 [19:19] cm) cuando se pliegue la pieza por el doblez.
**Siguiente vuelta (lado del derecho):** Una el hilo E al segundo pt. de la vuelta, haga 1 m. p. en cada pt. hasta el último pt., que se deja sin hacer, dé la vuelta. (24:26:28 pts). Cont. 2 cm haciendo vueltas de m. p. en estos pts. y acabando con una vuelta del lado del revés.
**Siguiente vuelta (lado del derecho):** 1 c. y, tomando **solo las hebras de atrás de los puntos** de la vuelta anterior, 1 m. p. en cada pt. hasta el final, dé la vuelta. Con esto creará una línea de doblez.

Haga la solapa:
**Siguiente vuelta (lado del revés):** 1 c., (trabajando los puntos normalmente), 1 m. p. en cada pt. hasta el final, dé la vuelta.
Rep. la última vuelta dos veces.
**Siguiente vuelta (lado del derecho):** 1 c., 2 m. p. juntos, 1 m. p. en cada pt. hasta los últimos 2 pts., 2 m. p. juntos, dé la vuelta. (22:24:26 pts.)
Haga 3 vueltas de m. p. (como en la primera vuelta de la solapa). Repita las últimas cuatro vueltas dos veces, (18:20:22 pts.)

Haga el ojal:
**Siguiente vuelta (lado del derecho):** 1 c., 2 m. p. juntos, 1 m. p. en cada pt. hasta los 4 pts. centrales, 4 c., sáltese 4 pts., 1 m. p. en cada pt. hasta los últimos 2 pts., 2 m. p. juntos. (16:18:20 pts.)
**Siguiente vuelta:** 1 c., 2 m. p. juntos, 1 m. p. en cada pt. hasta espacio de 4 c., 4 m. p. en espacio de 4 c., 1 m. p. en cada pt. hasta los últimos 2 pts., 2 m. p. juntos. (14:16:18 pts.)
Asegure los hilos sueltos entretejiéndolos.

# MÉTODO: FUNDA DE KINDLE

**{01} Haga la parte frontal, trasera y solapa**
para los tres tamaños: pequeño (mediano:grande)

Con el hilo G, haga 27 (29:31) c.
**Vuelta 1 (lado del derecho):** 1 c, 1 m. p. en cada c. com. con la segunda c. desde la posición de la aguja, dé la vuelta. (26:28:30 pts.)
**Vuelta 2:** 1 c., 1 m. p. en cada c. hasta el final, dé la vuelta.
Rep. hasta que la labor mida 17 (19:19) cm;

acabe con una vuelta en el lado del revés.
**Siguiente vuelta (lado del revés):** 1 c. y, tomando **solo las hebras de atrás de los puntos** de la vuelta anterior, m. p. en cada pt. hasta el final, dé la vuelta. Con esto creará una línea de doblez.

Haga la parte de atrás:
**Siguiente vuelta (lado del revés):** 1 c., (trabajando los puntos normalmente), 1 m. p. en cada pt. hasta el final, dé la vuelta.

Acabe la pieza como se indica para el ribete de la funda del iPad, pero sin la presilla para el botón. Cosa el botón rojo a la parte central frontal. Si el ojal es demasiado grande para el botón, cosa varias puntadas en cada extremo.

## {02} Haga los pies (para hacer 2)

Con el hilo D, 9 c.

**Vuelta 1 (lado del derecho):** 1 c., 1 m. p. en cada pt. hasta el final, dé la vuelta. (8 pts.)

**Vuelta 2:** 1 c., 1 m. p. en cada pt. hasta el final, dé la vuelta.

**Vuelta 3:** 1 c., 2 m. p. juntos, 1 m. p. en cada pt. hasta los dos últimos pts., 2 m. p. juntos, dé la vuelta. (6 pts.)

**Vuelta 4:** como la vuelta 2.

**Vuelta 5:** como la vuelta 3. (4 pts.)

Dejando el hilo, m. p. uniformemente todo alrededor de la parte externa del pie; 1 m. p. en cada extremo de vuelta y 2 m. p. en cada esquina inferior. P. r. en el primer m. p. de la vuelta para unir.

Remate dejando una cola de hilo larga y asegure los hilos sueltos entretejiéndolos en la parte del comienzo.

Con el hilo C, haga con punto atrás tres líneas rectas en cada pie.

Cosa los pies en los dos extremos de la parte frontal alineándolos con el borde inferior de la línea de doblez.

## {03} Haga el ojo

Haga las vueltas igual que para el ojo grande de la funda de iPad, cambiando los colores como se detalla a continuación. Al cambiar de color, haga el último p. r. de la vuelta con el nuevo color de la siguiente vuelta:

Con el hilo C, haga un aro deslizado y teja la vuelta 1.

Haga las vueltas 2 y 3 con el hilo D.

Haga las vueltas 4 y 5 con el hilo F.

Remate dejando una cola de hilo larga y asegure los hilos sueltos entretejiéndolos en la parte del comienzo.

Cosa el ojo en el centro de la solapa. Con el hilo C, haga con punto atrás tres pestañas por encima del ojo.

## {04} Haga las orejas

Haga 2, pero para la segunda, utilice el color que se muestra entre paréntesis.

Con el hilo H (D), haga un aro deslizado.

**Vuelta 1:** 1 c. y 6 m. p. en el aro. Cont. trabajando en estos 6 pts. con un m. p. en cada pt. Teja en espiral sin cerrar la vuelta con un p. r.

**Vuelta 2:** [2 m. p. en el siguiente pt., 2 m. p.] dos veces. Cierre el aro deslizado. (8 pts.)

**Vuelta 3:** [2 m. p. en el siguiente pt., 3 m. p.] dos veces. (10 pts.) Cambie a B (E).

**Vuelta 4:** [2 m. p. en el siguiente pt., 1 m. p.] tres veces, 2 m. p. en el siguiente pt., 3 m. p. (14 pts.)

**Vuelta 5:** [2 m. p. en el siguiente pt., 2 m. p., 2 m. p. en el siguiente pt., 3 m. p.] dos veces. (18 pts.)

**Vueltas 6 y 7:** 18 m. p. Cambie a G (H).

**Vueltas 8 y 9:** 18 m. p. Cambie a B (E).

**Vuelta 10:** [2 m. p. juntos, 7 m. p.] dos veces. (16 pts.)

**Vueltas 11 y 12:** 16 m. p. Cambie a D (A).

**Vueltas 13 y 14:** 16 m. p. Cambie a A (G).

**Vueltas 15, 16 y 17:** 16 m. p.

**Vuelta 18:** [2 m. p. juntos, 6 m. p.] dos veces. (14 pts.) Cambie a B (D).

**Vueltas 19 y 20:** 14 m. p. Cambie a H (A).

**Vueltas 21, 22, 23:** 14 m. p. Cambie a G (B).

**Vueltas 24 y 25:** 14 m. p. Cambie a D (H).

**Vuelta 26:** 14 m. p.

**Vueltas 27:** [2 m. p. juntos, 5 m. p.] dos veces. (12 pts.)

**Vuelta 28:** 12 m. p.

Remate dejando una cola de hilo larga. Aplane las orejas; la mayor parte de las uniones de color deberían quedar en la parte de atrás. Cósalas a la línea de doblez en los dos lados de la parte superior de la solapa (cosa a la vez los extremos de las orejas para cerrarlos). Dé unas pocas puntadas en la parte inferior de cada oreja para unirlas a la parte inferior de la solapa.

## {05} Haga los dientes

Con el hilo F, 16 c.

Com. en la segunda c. a partir de la posición de la aguja, *3 m. p., dé la vuelta. (3 pts. para el primer diente)

1 c., 2 m. p. juntos, 1 m. p., dé la vuelta. (2 pts.)

1 c., 2 m. p. juntos, 2 p. r. por un lado del diente.

Rep. desde * cuatro veces.

Remate dejando una cola de hilo larga y asegure los hilos sueltos entretejiéndolos en la parte del comienzo.

Cósalos en semicírculo en la parte frontal.

## {06} Haga el pelo

Con el hilo A, *9 c., 8 m. p. com. en la segunda c. desde la posición de la aguja, rep. desde *, p. r. al final de la primera vuelta de m. p. Rep. desde * una vez más, y p. r. en el mismo lugar que antes.

Remate dejando una cola de hilo larga y asegure los hilos sueltos entretejiéndolos en la parte del comienzo.

Cósalo en la línea de doblez, en el centro de la solapa.

# Cobertor con diseño de zigzag multicolor

Puede que le parezca difícil saber cuándo dejar de hacer este cobertor con diseño de zigzag: ¡siempre querrá hacer una vuelta más! Se trata de un patrón sencillo, pero llamativo, que dará un animado toque a su decoración. La secuencia de colores y la anchura de los zigzags son aspectos aleatorios, por lo que podrá jugar con el diseño y ser creativo.

## MATERIALES

Ovillos de 50 g (133 m) de Annell Rapido, o un hilo similar (DK y acrílico); necesitará cinco o seis ovillos de cada uno de los siguientes colores (la secuencia de colores es aleatoria, por lo que las cantidades variarán): rosa Pink 3277, cian claro Light Cyan 3222, verde claro Light Green 3223, blanco White 3260, índigo Indigo 3224, gris claro Light Grey 3356, rojo Red 3212 y rosa claro Light Pink 3233

Aguja de tapicería

Ganchillo de calibre 3,5 mm

## TAMAÑO

104 x 148 cm

## TENSIÓN

18 p. a. y 11 vueltas de zigzag en 10 cm$^2$ con un ganchillo de 3,5 mm. Un zigzag completo tiene una anchura aproximada de 18 cm

## TÉCNICAS

- Hace punto en zigzag (págs. 116-117)
- Aumentar y disminuir puntos dentro de una vuelta (págs. 112 y 113)
- Unir hilo nuevo (pág. 100)
- Trabajar en espacios creados por puntos (pág. 125)
- Crear un ribete de ganchillo en una pieza de ganchillo (pág. 130)

## Historia

Cuando mi marido y yo nos mudamos a nuestra nueva casa, decidí inmediatamente hacer un nuevo cobertor para animar la sala de estar. Buscaba algo que fuera sencillo de hacer y que tuviera un toque divertido, además de incluir los colores que más me gustaban. El diseño de zigzag era ideal y el cobertor acabado ¡es justo lo que quería!

DISEÑADO POR
ILARIA CHIARATTI

## ANTES DE EMPEZAR

El patrón de zigzag se confecciona haciendo pares de aumentos y disminuciones para crear ondas en la pieza. Se aumenta haciendo [1 p. a., 2 c. y 1 p. a.] en el mismo espacio (aumento de un punto); se disminuye haciendo 2 p. a. juntos en tres puntos (haga la primera «pata» o p. a. parcial en 1 c., sáltese 1 c., y luego haga la segunda «pata» en la siguiente c. para completar los 2 p. a. juntos; se trata de una disminución de un punto). *Véanse* las págs. 112 y 113 para obtener más información sobre cómo efectuar aumentos y disminuciones.

Un zigzag completo está compuesto de 30 p. a. El cobertor está formado por seis zigzags (180 p. a.) en total: cinco zigzags completos, enmarcados por medio zigzag en cada lado. El patrón se puede adaptar fácilmente si se quiere el cobertor más ancho o más estrecho; solo hay que añadir o sustraer múltiplos de 30 en la cadeneta de base.

Los cambios de color son aleatorios; también pueden hacerse las franjas de color tan anchas como se quiera.

## MÉTODO

### {01} Haga el cobertor

**Vuelta de base:** haga 180 c. (177 c., más 3 c., que cuentan como 1 p. a.), 1 p. a. en la cuarta c. contando desde la posición de la aguja, 1 p. a. en cada una de las siguientes 12 c., *[1 p. a., 2 c., 1 p. a.] en siguiente c., 1 p. a. en cada una de las siguientes 13 c., [2 p. a. juntos en las siguientes 3 c.], 1 p. a. en cada una de las siguientes 13 c., rep. desde * cuatro veces, [1 p. a., 2 c., 1 p. a.] en siguiente c., 1 p. a. en cada una de las últimas 14 c., dé la vuelta. (180 p. a.)

**Vuelta 1:** 3 c. (se cuentan como 1 p. a.), 13 p. a. (entre los p. a. de la vuelta anterior), *[1 p. a., 2 c., 1 p. a.] en espacio de 2 c., 13 p. a. (de nuevo entre los p. a. de la vuelta anterior), [2 p. a. juntos, colocando la «pata» en los dos lados de la forma de tienda creada por los 2 p. a. juntos de la vuelta anterior], 13 p. a. (entre los p. a. de la vuelta anterior), rep. desde * cuatro veces, [1 p. a., 2 c., 1 p. a.] en siguiente espacio de 2 c., haga los últimos 14 p. a. (entre los p. a. de la vuelta anterior), dé la vuelta.

Rep. la vuelta 1 hasta que el cobertor tenga 146 cm de longitud.

Remate el hilo y asegure los hilos sueltos entretejiéndolos.

### {02} Haga el ribete

Aquí el ribete se ha hecho con hilo blanco, pero elija el que crea que combina mejor.

**Vuelta 1:** uniendo el hilo a cualquier esquina, trabájela del modo siguiente: 3 c. (se cuentan como 1 p. a.), 1 p. a., 3 c.,

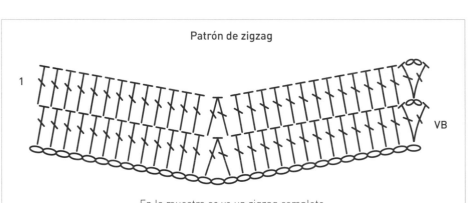

**Patrón de zigzag**

En la muestra se ve un zigzag completo

2 p. a. (para las tres siguientes esquinas, haga [2 p. a., 3 c., 2 p. a.]).

En los lados cortos de la colcha, arriba y abajo, haga 1 p. a. entre los p. a. de la vuelta anterior. En los lados largos de la colcha, haga los pts. entre 1 p. a./3 c. y el siguiente pt. de la vuelta; haga 1 p. a. y 2 p. a. alternativamente en estos espacios para crear un borde uniforme. Una con p. r. en la tercera de 3 c.

**Vuelta 2:** Haga la primera esquina con 3 c. (se cuentan como 1 p. a.), 1 p. a., 3 c., 2 p. a. (para las tres siguientes esquinas, haga [2 p. a., 3 c., 2 p. a.]).

En los lados cortos de la colcha, haga arcos: *4 c., sáltese 3 p. a., 1 m. p. entre el tercer y el cuarto p. a. de la vuelta anterior, rep. desde * hasta alcanzar la esquina. En los lados largos de la colcha, haga 1 p. a. entre cada p. a. de la vuelta anterior. Una con p. r. en la tercera de 3 c. Remate y asegure los hilos sueltos entretejiéndolos.

## ¿Es la primera vez que hace ganchillo?

Esta sección del libro contiene, en una guía paso
a paso, todo lo que necesita saber para empezar.
Tome el ganchillo, elija un hilo y póngase a leer:
¡en un par de horas estará tan enganchado
como todos nosotros!

## ¿Es ya un avezado profesional?

Si ya ha hecho varias labores de ganchillo, use esta
sección para reforzar su base de conocimientos.
Está repleta de consejos, trucos y técnicas que
le permitirán embarcarse enseguida en algo más
que los típicos «cuadrados de abuela». Pruebe con
los zigzag, las rayas, las formas tridimensionales
y los ribetes, y después anímese a intentar
confeccionar los racimos, el punto hinchado,
las piñas y los bodoques.

# Técnicas

# Agujas de ganchillo e hilos

*Para empezar a hacer ganchillo se necesita poco material, y como con frecuencia solo se requiere una aguja de ganchillo y un ovillo, es una labor que se puede llevar a cualquier parte muy fácilmente.*

## AGUJAS

Existen agujas de ganchillo de muchas formas y tamaños; algunas tienen mangos gruesos y otras, muy finos. Algunas están hechas de metal y otras, de plástico o de bambú. Debe resultar cómodo sujetarla y no debe resbalar cuando se esté trabajando con ella.

## TAMAÑOS DE AGUJAS

Las agujas se encuentran en muchos tamaños, de modo que se ajustan a los distintos grosores de los hilos. A continuación, exponemos la correspondencia entre los tamaños expresados en unidades métricas (milímetros) y el sistema estadounidense (con letras y números): por ejemplo, un calibre de 2,75 mm se corresponde con C2 en la nomenclatura que se emplea en

Estados Unidos. Por desgracia, no siempre existen equivalentes entre ambos sistemas. Cuando trabaje con patrones, si no puede obtener el tamaño de la aguja que se le indica, utilice el tamaño más similar disponible y haga siempre una muestra para determinar la tensión (*véase* pág. 10) antes de empezar la labor para comprobar si necesita un tamaño superior o inferior.

| MÉTRICO | EE. UU. |
|---------|---------|
| 2 mm | – |
| 2,25 mm | B1 |
| 2,5 mm | – |
| 2,75 mm | C2 |
| 3 mm | – |
| 3,25 mm | D3 |

| MÉTRICO | EE. UU. |
|---------|---------|
| 3,5 mm | E4 |
| 3,75 mm | F5 |
| 4 mm | G6 |
| 4,5 mm | 7 |
| 5 mm | H8 |
| 5,5 mm | I9 |

| MÉTRICO | EE. UU. |
|---------|---------|
| 6 mm | J10 |
| 6,5 mm | K10½ |
| 7 mm | – |
| 8 mm | L11 |
| 9 mm | M13 |
| 10 mm | N15 |

# MATERIAL ADICIONAL

Además de las agujas de ganchillo, hay otros materiales que encontrará de utilidad. No es necesario comprarlos todos a la vez. No obstante, si también hace punto, es posible que ya cuente con algunos de ellos.

## TIJERAS PEQUEÑAS Y AFILADAS

Solo necesitará un par de tijeras pequeñas y afiladas, que deberá utilizar exclusivamente para cortar hilo. Si las va a guardar en una bolsa con la labor, cómprelas con estuche.

## CORTAHÍLOS

El cortahílos consiste en una cuchilla afilada dentro de una estructura ornamental. Suelen ser decorativos y se pueden llevar como colgantes. Resultan útiles cuando se viaja.

## MARCADOR DE PUNTOS

Los marcadores de puntos suelen ser de plástico y de colores vivos para que destaquen con facilidad. Se pueden usar para marcar el comienzo/final de las vueltas o para marcar la posición de elementos como los aumentos y las disminuciones. También se pueden utilizar trocitos sobrantes de hilo para este propósito.

## ALFILERES

Para una labor de ganchillo, los mejores alfileres son los largos con cabezas de colores, pues se pueden ver bien en la labor.

## CINTA MÉTRICA

Una cinta métrica es esencial para comprobar la tensión y para trabajar con las medidas específicas de un diseño. Las mejores son las cintas de modista replegables; la cinta debe ser fuerte y flexible y no darse de sí.

## CONTADOR DE VUELTAS

Son útiles cuando se trabaja con diseños complicados o si cuesta mucho reconocer las vueltas en la labor.

## AGUJA DE TAPICERÍA

Cuando se trabaja con los hilos que quedan sueltos o se cosen piezas de ganchillo, es mejor utilizar una aguja de coser grande y roma, como las llamadas agujas de tapicería. Hay agujas de coser de punta ligeramente doblada que resultan muy útiles porque permiten encontrar con más facilidad los espacios entre los puntos.

## LIBRETA O ÁLBUM DE RECORTES

Es buena idea anotar todos los cambios que se hagan a un patrón para tenerlos como referencia en el futuro. Los álbumes de recortes pequeños son útiles para plasmar con rapidez ideas de diseño o guardar recortes de revistas que puedan aportar inspiración en proyectos futuros.

## BOLSA PARA GUARDAR LA LABOR Y ESTUCHE PARA LA AGUJA

Es buena idea guardar las agujas de ganchillo en estuches enrollables especiales, que se pueden comprar o hacer. Guarde en una bolsa todos los materiales y el equipo que necesite para la labor que esté confeccionando; así podrá llevarla consigo y tenerla siempre a mano.

# HILO

Es importante emplear un tiempo suficiente en la elección del hilo correcto (y, por consiguiente, la aguja) para la labor que se vaya a realizar. Hay hilos de tipos muy distintos y se encuentran en una gran variedad de pesos, colores, texturas y composiciones.

## HEBRAS

Los hilos están compuestos de distintas hebras que se tejen juntas, y el hilo resultante puede variar mucho en grosor o peso. Tradicionalmente los hilos se nombraban por el número de hebras de que estaban compuestos; por ejemplo, el hilo de 4 hebras. Hoy esto no es tan habitual, y los hilos se producen simplemente para soportar ciertas tensiones. Por regla general, cuanto menor sea el número de hebras,

más fino será el hilo. Utilice la tabla de abajo como guía para identificar el peso de un hilo cuando este aspecto no esté claro.

## HILO DE GANCHILLO TRADICIONAL

Se puede hacer ganchillo con prácticamente cualquier peso de hilo con independencia del mercado para el que esté destinado cada tipo de hilo; eso sí, siempre que coincidan el tamaño de la aguja y el peso del hilo elegido. Muchos hilos para tejer funcionan muy bien para ganchillo, lo mismo que los hilos para alfombras o incluso materiales nada convencionales, como el cordel o el alambre.

De forma tradicional, sin embargo, el hilo de ganchillo ha tendido a ser fino, de algodón o lino de la mejor calidad, pues esta técnica se ha empleado para crear un punto pequeño, de diseño intrincado, similar al encaje. El hilo tradicional de algodón para ganchillo sigue comercializándose hoy y viene enrollado en tubos de cartón

formando ovillos pequeños de 50 o 20 g, en función del grosor del hilo. Los hilos se clasifican según un sistema numérico en lugar de mediante la indicación del número de hebras. Estos números abarcan del 5 al 100. Cuanto más alto sea el número del hilo, más fino será y, por tanto, requerirá una aguja más pequeña.

| Número de hilo | Calibre de la aguja |
|---|---|
| Nº. 5 | 1,75/2 mm |
| Nº. 10 | 1,25/1,5 mm |
| Nº. 15 | 1,25/1,5 mm |
| Nº. 20 | 1/1,25 mm |
| Nº. 30 | 1/1,25 mm |
| Nº. 40 | 1 mm |
| Nº. 50 | 1 mm |
| Nº. 60 | 0,75 mm |
| Nº. 80 | 0,60 mm |
| Nº. 100 | 0,60 mm |

| Peso del hilo | Superfino | Fino | Ligero | Medio | Grueso | Supergrueso |
|---|---|---|---|---|---|---|
| | 1 | 2 | 3 | 4 | 5 | 6 |
| Tipo del hilo | Calcetín | Deportivo | DK | Estambre | Grueso | Muy gruego |
| | A piel | Bebé | Ligero | Afgano | Para alfombra | Para hilar |
| Intervalos de tensión | 21–28 puntos | 16–20 puntos | 16–18 puntos | 12–16 puntos | 8–12 puntos | 5–9 puntos |
| Calibre recomendado aguja (métrico) | 2,25–3,5 mm | 3,5–4,5 mm | 4,5–5,5 mm | 5,5–6,5 mm | 6,5–9 mm | 9 mm y mayor |
| Calibre recomendado aguja (EE. UU.) | Agujas de acero, B1 a E4 | E4 a G6 | G6 a J9 | J9 a K10½ | K10½ a M/N13 | K10½ a M/N13 y mayor |

## ESCALA

Es importante entender que el peso de un hilo puede afectar a la escala de la labor. Para ver un ejemplo de este aspecto, fíjese en que el tapete y los posavasos de la fotografía inferior se hicieron siguiendo un mismo patrón, pero empleando distintos pesos de hilo y distinto calibre de aguja (*véase* la labor completa en la pág. 38).

## CALCULAR CANTIDADES DE HILO AL SUSTITUIRLO POR OTRO

En el patrón se le indicará cuánto hilo debe comprar para hacer la labor. Si cambia de tipo de hilo, también tendrá que adquirir una cantidad distinta. Esto es así porque los ovillos contendrán longitudes distintas de hilo en función de su peso. Por ejemplo, un ovillo de 50 g de lana DK tendrá unos 120 m de hilo, mientras que un ovillo de 50 g de algodón tendrá solo unos 80 m. Para calcular cuántos ovillos de un hilo alternativo tendrá que comprar, calcule la longitud total del ovillo original y luego divídala por la longitud del ovillo que haya elegido como alternativa.

El tapete y los posavasos (*véase* pág. 38) son un buen ejemplo de cómo al hacer a ganchillo un diseño con distintos grosores de hilo, se obtienen piezas de diferente escala.

# SUJETAR LA AGUJA

Uno de los primeros pasos en el aprendizaje del ganchillo consiste en aprender a sujetar la aguja y el hilo correctamente. Se puede sujetar de dos formas; elija la que le sea más cómoda. Vaya con cuidado de no sujetar la aguja con demasiada tensión o demasiado cerca de la punta.

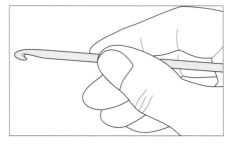

### MÉTODO 1
Algunas personas sostienen la aguja de ganchillo como si fuera un lápiz, con el pulgar sobre la parte plana de la aguja y el índice sobre la parte superior de la aguja.

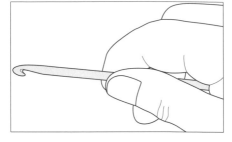

### MÉTODO 2
Otras personas sujetan la aguja de ganchillo en la palma de la mano, con el pulgar sobre la parte plana de la aguja, y el resto de los dedos aguantando la aguja por la parte inferior.

# SUJETAR EL HILO

Una de las claves para crear labores de ganchillo de buena calidad es lograr una tensión uniforme. La mano izquierda desempeña un papel vital en este aspecto, pues es la que tensa el cabo de hilo que viene del ovillo mientras se hacen los puntos. Seguramente encontrará su propio modo de lograrlo, pero, en la mayoría de los casos, el hilo se sostiene con dos dedos o se enrolla alrededor de ellos: mostramos dos ejemplos aquí.

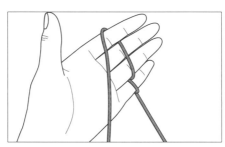

### MÉTODO 1
Dejando una longitud del hilo de aproximadamente 10 cm desde la aguja, enrolle el hilo alrededor del dedo meñique de la mano izquierda, luego por la parte interior de los dedos anular y corazón, y después por la parte exterior del dedo índice.

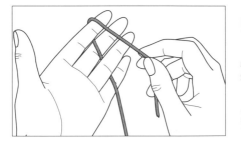

### MÉTODO 2
Dejando una longitud del hilo de unos 10 cm desde la aguja, entrelace el hilo en los dedos de la mano izquierda comenzando por el meñique y acabando por el índice, como se muestra en la imagen, de modo que el hilo rodee el índice por la parte exterior.

### Nota
Para iniciarse con el ganchillo, elija un hilo que sea suave, pero que no resbale demasiado: es ideal el de algodón de buena calidad. La aguja de ganchillo debe ser de un calibre compatible.

### TENSAR EL HILO
Para hacer ganchillo apropiadamente hay que regular la tensión del hilo suelto. Sujete el hilo justo debajo de la aguja con el dedo corazón y el pulgar de la mano izquierda para tensarlo con suavidad.

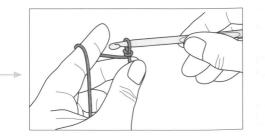

# Puntos básicos de ganchillo

En esta sección presentamos los puntos de ganchillo más comunes. La mecánica consiste en formar un punto y pasarlo a través de otros puntos ya hechos: es mucho más sencillo de lo que podría imaginarse.

## TÉRMINOS DE GANCHILLO EN INGLÉS

Como se encontrará muchos patrones en inglés, incluimos aquí la nomenclatura en inglés británico y estadounidense de los principales puntos. Como verá, en función del origen del patrón, el mismo término puede referirse a puntos distintos, lo que puede llevar a cierta confusión. En la siguiente tabla, mostramos las principales diferencias. (*Véase* también la sección «Trabajar con patrones», pág. 6).

| España | | Reino Unido | | EE. UU. | |
|---|---|---|---|---|---|
| Punto raso | p. r. | Slip stitch | ss | Slip stitch | ss |
| Punto medio | m. p. | Double crochet | dc | Single crochet | sc |
| Medio punto alto | m. p. a | Half double crochet | hdr | Half double crochet | hdc |
| Punto alto | p. a. | Treble crochet | tc | Double crochet | dc |
| Punto alto doble | p. a. d. | Doble treble crochet | dtr | Treble crochet | tr |

Vueltas repetidas de medio punto.

Vueltas repetidas de medio punto alto.

Vueltas repetidas de punto alto.

Vueltas repetidas de punto alto doble.

## HACER UN NUDO CORREDIZO

Para empezar a hacer ganchillo hay que tener un punto en la aguja del que partir, lo que se obtiene realizando un nudo corredizo.

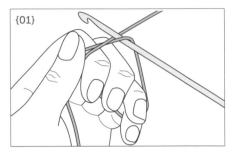

{01}

Dejando un fragmento de hilo suelto de aproximadamente 10 cm, haga un nudo en el hilo enrollándolo alrededor de los dedos de la mano izquierda. Pase la punta de la aguja, con el gancho mirando hacia abajo, por debajo del hilo enrollado y por encima del cabo de hilo más cercano al ovillo.

## Nota

Los métodos del patrón suelen indicar que se deje cierta longitud de hilo suelto; esto es más habitual cuando hay que coser juntas piezas en un diseño compuesto por distintas partes.

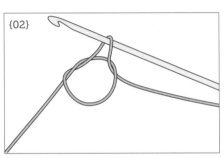

{02}

Sostenga el cabo de hilo más cercano al ovillo y tire de él para meterlo bajo el otro hilo. Suelte el hilo enrollado en la mano izquierda y coja el punto formado con la aguja.

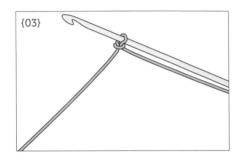

{03}

Tire con suavidad del lado del hilo que queda suelto para tensar el nudo alrededor de la aguja.

## HACER LA VUELTA BASE DE CADENETA
### ABREVIATURA: C

Las labores de ganchillo casi siempre empiezan con una serie de puntos de cadeneta, que forman la base de la labor y son equivalentes a los puntos que se montan en la aguja de tejer. Es posible que al principio le cueste mantener una tensión uniforme, pero es importante que las cadenetas le queden parejas: ni demasiado flojas ni muy tensas.

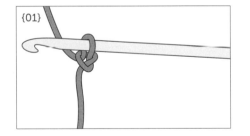

{01}

Haga un nudo corredizo en la aguja y sosténgalo en la mano derecha. Sujete el hilo con la mano izquierda del modo que prefiera y, al mismo tiempo, mantenga tenso el extremo del hilo que queda suelto. Este hilo estará por debajo de la aguja; gire la aguja de modo que mire hacia fuera.

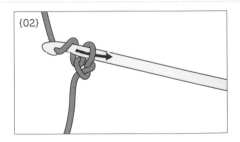

{02}

Mueva el ganchillo contra el hilo y gírelo en el sentido contrario a las agujas del reloj para enganchar el hilo. Acabe este paso haciendo que el ganchillo mire hacia abajo. Haga pasar el ganchillo por dentro del nudo arrastrando el hilo consigo.

# CONTAR CADENETAS

Cuando trabaje siguiendo un patrón se le pedirá que haga un número dado de puntos de cadeneta. Es importante que sepa reconocerlos si quiere poder contarlos correctamente.

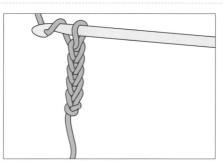

La parte frontal de una cadeneta tiene el aspecto de una serie de formas de V. Cada una de las V es un punto de cadeneta que se asienta sobre el de abajo. El primer punto de la cadeneta estará justo sobre el nudo corredizo. La superficie de la cadeneta es lisa por este lado. Los puntos deben contarse por este lado de la cadeneta si es posible.

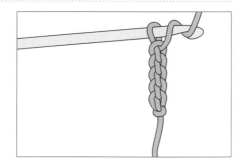

El anverso de la cadeneta tiene una fila de protuberancias de hilo que se encuentran justo detrás de las V y van en dirección vertical desde el comienzo de la cadeneta y hasta la aguja. La superficie del anverso de la cadeneta presenta mayor textura que la parte frontal.

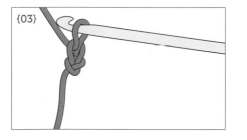

Gire la aguja en la dirección de las agujas del reloj para que el ganchillo quede mirando hacia arriba y con el nuevo punto descansando sobre la aguja.

## *Nota*

Para que se vean con más claridad los puntos, los dedos que tiran del lado del hilo que está suelto no aparecen en las ilustraciones de estas páginas y de las que siguen, pero tenga en cuenta que el hilo debe mantenerse siempre tenso.

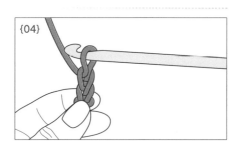

Repita el mismo proceso para crear más puntos de cadeneta. Tendrá que cambiar de posición los dedos de la mano izquierda después de dar dos puntos para mantener la tensión correcta del hilo.

Cuando cuente los puntos de cadeneta, no debe incluir el punto que está dentro de la aguja, pues este punto permanecerá en la aguja hasta el momento en que remate. Si tiene que hacer numerosos puntos de cadeneta, puede ser buena idea usar el marcador de puntos a intervalos predeterminados, como por ejemplo, cada 10 o 20 puntos, para que sea más fácil contar.

# TRABAJAR SOBRE LA CADENETA DE BASE

En las labores de ganchillo, los puntos se hacen en la cadeneta de base para crear la primera vuelta. Existen varios modos de hacerlo, y aquí vamos a mostrar tres. Las vueltas posteriores normalmente se forman sobre la parte superior de la vuelta previa.

## Nota

La primera vuelta puede ser difícil porque se está trabajando sobre la cadeneta de base, no sobre puntos. Si la cadeneta está muy apretada, intente hacerla con una aguja de calibre superior y luego cambie al ganchillo recomendado en el patrón para realizar la primera vuelta.

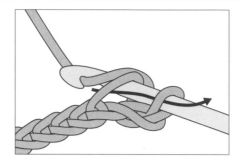

### MÉTODO 1

Puede colocar la aguja sobre la parte superior de la cadeneta y así trabajar solo sobre un hilo. Este método es más fácil para los principiantes, aunque da como resultado un borde bastante suelto.

### MÉTODO 3

Para obtener un borde más fuerte y mejor definido, puede trabajar la primera vuelta sobre las protuberancias de hilo de la parte inferior de la cadeneta. Puede ser un poco difícil, pero crea un efecto bonito en el que el borde base resulta claramente visible por el lado del derecho.

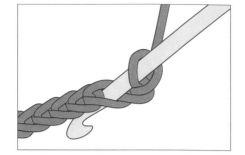

### MÉTODO 2

Otra opción es colocar la aguja en la parte inferior de la cadeneta, con lo que trabajará sobre dos hilos.

---

# PARA CAMBIAR DE VUELTA

Cuando se cambia de vuelta, hay que crear un número específico de cadenetas adicionales al principio de cada vuelta a fin de elevar la aguja lo bastante como para poder hacer los puntos de la siguiente vuelta.

| Otros países | | España |
|---|---|---|
| Single crochet (EE.UU) Double crochet (R.U.) | 1 cadeneta | Medio punto |
| Half double crochet (EE.UU) Half treble crochet (R.U.) | 2 cadenetas | Medio punto alto |
| Double crochet (EE.UU) Treble crochet (R.U.) | 3 cadenetas | Punto alto |
| Treble crochet (EE.UU) Double treble crochet (R.U.) | 4 cadenetas | Punto alto doble |

## Nota

Para cada tipo de punto se recomienda un número distinto de cadenetas adicionales que permitirán levantar la aguja lo bastante como para realizar la siguiente vuelta. Sin embargo, si nota que la cadeneta está creando un bucle o parece estar tirando de los puntos, puede que tenga que cambiar el número de cadenetas necesarias.

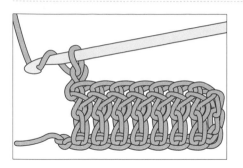

## MEDIO PUNTO

Este es el punto más corto, para el que solo se necesita hacer una cadeneta al principio de la vuelta. Nota: la cadeneta que se hace para dar la vuelta no se incluye en el recuento total de puntos.

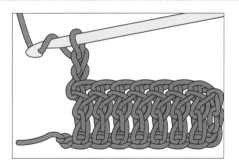

## MEDIO PUNTO ALTO

Es el siguiente punto en altura; solo requiere de dos cadenetas al principio de la vuelta. Nota: las cadenetas que se hacen para dar la vuelta no se incluyen en el recuento total de puntos.

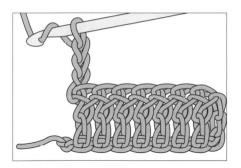

## PUNTO ALTO

Requiere de tres cadenetas al principio de la vuelta. Cuando se hacen puntos más altos como este, las cadenetas del principio de la vuelta se cuentan como el primer punto de la vuelta. Por ejemplo, en el patrón escrito puede aparecer lo siguiente: 3 c. (se cuentan como 1 p. a.); esto significa que se hacen 3 puntos de cadeneta para alcanzar la altura que necesitará la vuelta y esos 3 puntos se contarán como el equivalente a un punto alto.

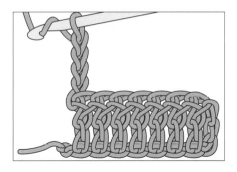

## PUNTO ALTO DOBLE

Requiere de cuatro cadenetas al comienzo de la vuelta. Como en el caso del punto alto, esas cuatro cadenetas se contarán como el primer punto de la vuelta.

## REALIZAR CADENETAS ADICIONALES

En algunos casos, la cuenta de cadenetas será más larga que la altura del punto. Esto podría deberse a que la cadeneta no solo tiene que subir para crear la altura de la fila, sino también ir en sentido horizontal a lo largo de la vuelta. Por ejemplo, el patrón escrito podría decir: 5 c. (se cuentan como 1 p. a. más 2 c.), lo que significaría que tres de las cadenetas se hacen para el punto alto, mientras que las restantes 2 c. irían en sentido horizontal, a lo largo de la vuelta.

## REALIZAR EL ÚLTIMO PUNTO

Al final de una vuelta, habrá que realizar el punto final encima de la cadeneta de inicio de la vuelta anterior. La parte superior de esa cadeneta tendrá un aspecto distinto al de los otros puntos y no siempre mostrará un espacio claro donde meter la aguja. Si no se hace el punto en la parte superior de esa cadeneta (cuando sea necesario), no se obtendrá la cuenta de puntos correcta.

## Nota

Cuando se trabaja en redondo, sin dar la vuelta a la labor, a la cadeneta que se crea al principio de la vuelta para darle la altura del siguiente punto se le llama a veces cadeneta de comienzo. En el caso de las cadenetas de vuelta, la labor se vuelve para trabajar de manera alterna en un lado y otro de la misma.

# HACER PUNTO RASO
ABREVIATURA: P. R.

El punto raso se usa normalmente para pasar de un punto de la labor a otro o para completar una vuelta. Este punto aporta muy poca altura y no suele usarse para crear solo con él una pieza completa.

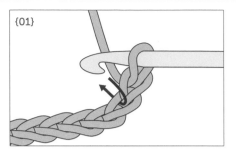

{01}

Para hacer un punto raso en una cadeneta de base, meta la aguja en la segunda cadeneta contando desde la posición de la aguja.

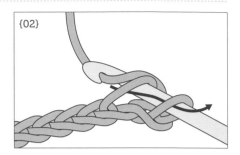

{02}

Enganche el hilo con la aguja para que pase por la cadeneta y el punto donde está insertada la aguja.

# HACER MEDIO PUNTO
ABREVIATURA: P. M.

El medio punto es el punto de ganchillo más corto; es resistente y las piezas resultantes son duraderas, con una consistencia densa y robusta. Es un punto muy adecuado para prendas de hogar como fundas de cojines o mantas.

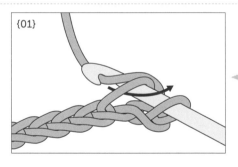

{01}

Haga la vuelta base de punto de cadeneta de la longitud adecuada y luego meta la aguja en la segunda cadeneta contando desde la posición de la aguja. Pase el hilo alrededor de la aguja y a través de la cadeneta para que le queden dos puntos en la aguja.

{02}

Vuelva a pasar el hilo alrededor de la aguja y a través de los dos puntos.

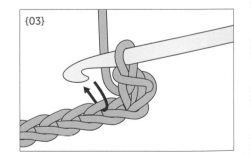

{03}

Habrá hecho así un medio punto completo. Para continuar, meta la aguja en la siguiente cadeneta.

 GANCHILLO

## HACER VUELTAS

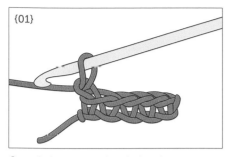

{01}

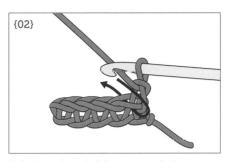

{02}

Cuando haya completado la primera vuelta, estará listo para enfilar la labor. La primera vuelta es siempre la más costosa; las siguientes son mucho más fáciles de trabajar. Al final de la primera vuelta, haga una cadeneta, que será la del principio de vuelta.

Dele la vuelta a la labor para trabajar por el lado contrario y meta la aguja por debajo del primer punto que haya en la vuelta. (Este es el último punto de la vuelta anterior y, en la parte superior de la labor, tiene forma de V). Luego continúe haciendo medios puntos hasta el final de la vuelta.

La funda del Kindle (*véanse* pág. 74-75) se hace con vueltas de medio punto, lo que crea una pieza densa y robusta que ayudará a proteger el aparato.

## CONTAR PUNTOS

Para crear una pieza de ganchillo de buena calidad, debe acordarse de contar los puntos de manera regular. Es buena idea contarlos al final de cada vuelta. Con el lado del derecho mirando hacia usted, verá que, en la parte superior de la labor, hay unas cadenas con forma de V a lo largo de la primera vuelta (o las siguientes) de medio punto. Se parece mucho a la vuelta de cadeneta base, pero tiene debajo una serie de puntos también en forma de V. Para contar los puntos, hágalo desde

la posición de la aguja hasta el final de la vuelta, asegurándose de no contar el punto que hay en la aguja. El punto que hay al comienzo de la vuelta puede estar orientado ligeramente en sentido vertical.

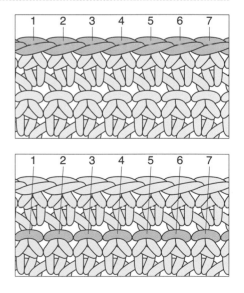

# HACER MEDIO PUNTO ALTO

ABREVIATURA: M. P. A.

A medio camino entre el medio punto y el punto alto, este punto crea piezas densas y duraderas; se suele utilizar en conjunción con otros puntos cuando se hacen diseños o motivos de distintos colores.

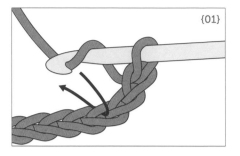

{01}

Haga una vuelta de cadeneta de base de la longitud adecuada. Enrolle el hilo alrededor de la aguja e introdúzcala en la tercera cadeneta, contando desde la posición de la aguja.

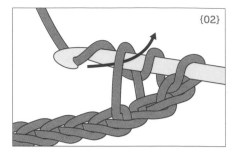

{02}

Enrolle el hilo otra vez alrededor de la aguja y pásela por la cadeneta de modo que le queden tres puntos en la aguja.

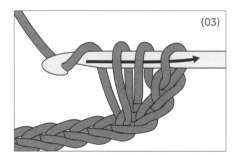

{03}

Vuelva a pasar el hilo alrededor de la aguja y a través de los tres puntos. Cuando lo haga, tenga cuidado de no partir el hilo. Si se asegura de que el ganchillo de la aguja mire hacia abajo y de no apretar demasiado los puntos, le será más fácil efectuar este paso.

{04}

Así habrá hecho un medio punto alto completo.

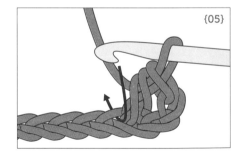

{05}

Para continuar, pase el hilo alrededor de la aguja; introduzca la aguja en la siguiente cadeneta y repita el proceso desde el paso 2.

 GANCHILLO

## HACER VUELTAS

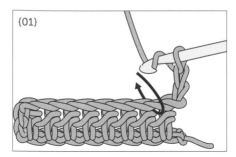

{01}

Al final de la vuelta, haga dos cadenetas para el principio de la siguiente vuelta y vuelva la labor para el lado contrario. Para hacer el primer punto de la siguiente vuelta, meta la aguja en el punto que se sitúa a la izquierda de la cadeneta de inicio de vuelta (que se corresponde con el penúltimo punto de la vuelta anterior). Ahora continúe haciendo medios puntos altos hasta el final de la vuelta.

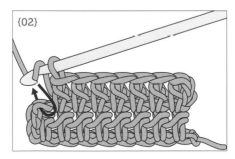

{02}

Al final de la vuelta, haga el último punto en la parte superior de la cadeneta de inicio de vuelta de la vuelta anterior.

Esta versión de ribete de encaje de las colchas infantiles (*véase* pág. 27) se ha hecho combinando medio punto alto con cadeneta para crear un diseño de malla similar al encaje.

# HACER PUNTO ALTO

ABREVIATURA: P. A.

Este punto crea piezas más livianas y de textura menos densa que el medio punto alto. Los puntos tienen el aspecto de barras verticales que van desde la vuelta inferior hasta la superior. Como los puntos son más largos, una vez que se domina esta técnica, las piezas se hacen con bastante rapidez.

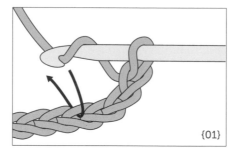

{01}

Haga la vuelta de cadeneta base de la longitud necesaria. Pase el hilo una vez alrededor de la aguja e introduzca esta en la cuarta cadeneta contando a partir de la posición de la aguja.

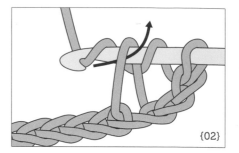

{02}

Vuelva a pasar el hilo alrededor de la aguja y pásela por la cadeneta para que le queden tres puntos en la aguja.

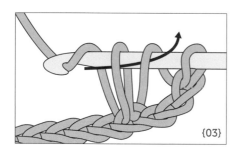

{03}

Vuelva a pasar el hilo alrededor de la aguja y pásela a través de los primeros dos puntos de la aguja.

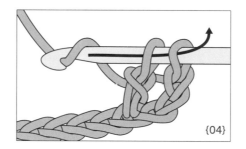

{04}

Vuelva a pasar el hilo alrededor de la aguja y páselo a través de los dos puntos que le quedan en la aguja.

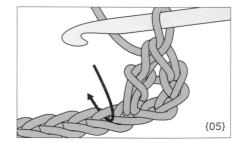

{05}

Tras realizar estos pasos, habrá hecho dos puntos altos. Pase el hilo alrededor de la aguja e introdúzcala en la siguiente cadeneta de la vuelta base para continuar haciendo puntos altos hasta el final de la vuelta.

 GANCHILLO

## REALIZAR VUELTAS

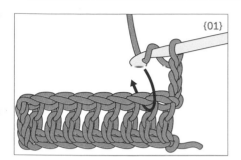

{01}

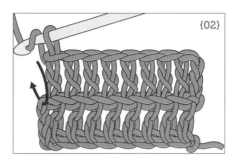

{02}

Al final de la primera vuelta, haga tres cadenetas de inicio de vuelta y vuelva la labor para el lado contrario. Pase el hilo por la aguja, métala por debajo de los puntos superiores del punto situado a la izquierda de la cadeneta de inicio de vuelta y haga un punto alto.

Continúe realizando puntos altos en cada punto de la vuelta anterior. Haga el último punto en la parte superior de la cadeneta de inicio de vuelta que creó en la vuelta anterior.

## CONTAR PUNTOS

Con el lado del derecho de la labor mirando hacia usted, verá que hay una fila de puntos con forma de «barra». Para contar los puntos, cuente las barras que hay desde la aguja hasta el final de la vuelta. El punto del principio de la vuelta es la cadeneta de inicio de vuelta y se cuenta como un punto.

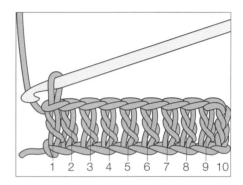

Los manteles individuales de las páginas. 12-15 se han creado haciendo vueltas de punto alto; están dispuestos en grupos de puntos en forma de V (se hacen dos puntos altos en un espacio y se deja un punto de cadeneta entre ellos).

# HACER PUNTO ALTO DOBLE

ABREVIATURA: P. A. DOBLE

Este punto se utiliza a menudo en conjunción con otros puntos cuando se hacen diseños o motivos de colores.

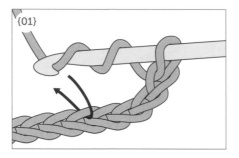

{01}

Haga la vuelta de cadeneta de base de la longitud necesaria. Pase el hilo dos veces alrededor de la aguja y luego métala en la quinta cadena contando a partir de la posición de la aguja.

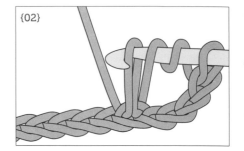

{02}

Vuelva a pasar el hilo alrededor de la aguja y a través de la cadeneta para tener cuatro puntos en la aguja, tal y como se ve en la ilustración.

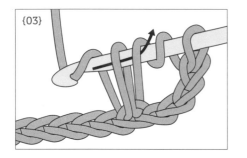

{03}

Vuelva a pasar el hilo alrededor de la aguja y por los dos primeros puntos que tiene en la aguja; le quedarán tres puntos en la aguja.

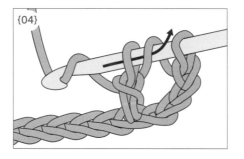

{04}

Vuelva a pasar el hilo alrededor de la aguja y por los siguientes dos puntos; le quedarán dos puntos en la aguja.

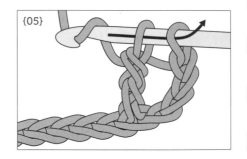

{05}

Pase una última vez el hilo alrededor de la aguja y por los dos puntos que le quedan en la aguja.

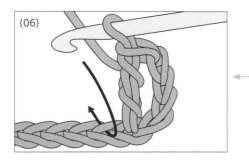

{06}

Tras realizar estos pasos habrá hecho dos puntos altos dobles. Pase el hilo alrededor de la aguja e introdúzcala en la siguiente cadeneta de la vuelta de base para continuar realizando puntos altos dobles hasta el final de la vuelta.

## REALIZAR VUELTAS

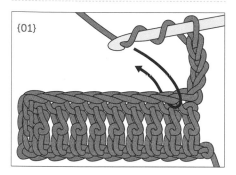

{01}

Al final de la primera vuelta, haga cuatro puntos de cadeneta para el inicio de vuelta y vuelva la labor para el lado contrario. Pase el hilo dos veces alrededor de la aguja y métala por debajo de los dos puntos superiores del punto que queda a la izquierda de la cadeneta de inicio de vuelta (es decir, el penúltimo punto de la vuelta anterior) y haga un punto alto doble.

{02}

Continúe realizando puntos altos dobles en cada punto de la vuelta anterior. Haga el último punto en la parte superior de la cadeneta de inicio de vuelta que creó en la vuelta anterior.

## REALIZAR VUELTAS MÁS ALTAS

**Basándose en lo que ya ha aprendido, puede hacer puntos aún más altos; para ir aumentando la altura, no tendrá más que pasar el hilo alrededor de la aguja una vez más.**

La mayor parte de los puntos de ganchillo tienen forma de «barra». La barra es la parte vertical del punto que va desde una vuelta hasta la siguiente vuelta de la labor. La longitud de la barra puede variar en función de cuántas veces se pase el hilo por la aguja antes de meterla en los puntos de la vuelta anterior. Cuantas más veces pase el hilo por la aguja, más veces tendrá que repetir el proceso de pasar el hilo por los puntos que tenga en la aguja. Si quiere hacer puntos más altos, consulte la tabla que mostramos a continuación.

### CONTAR LOS PUNTOS CORRECTAMENTE

Cuando se hacen puntos con una barra muy larga, sucede a menudo que se hacen sin querer cada vez menos puntos y se acaba con una pieza de tamaño más triangular que rectangular. La razón más habitual de que esto suceda es que no se ha hecho el último punto de la vuelta sobre la parte superior de la cadeneta de inicio de la vuelta anterior. Para que no nos confundamos, es recomendable contar siempre los puntos al final de cada vuelta y asegurarnos de que hemos hecho el último punto sobre la parte superior de la cadeneta de inicio de vuelta.

| Reino Unido | Punto | Cadenetas de incio de vuelta | Pasar el hilo |
|---|---|---|---|
| Treble treble (trtr) | Punto alto triple (p. a. triple) | 5 cadenetas | 3 veces |
| Quadruple treble (quad tr) | Punto alto cuádruple (p. a. cuádruple) | 6 cadenetas | 4 veces |
| Quintuple treble (quintr) | Punto alto quíntuple (p. a. quíntuple) | 7 cadenetas | 5 veces |
| Sextuple treble (sextr) | Punto alto séxtuple (p. a. séxtuple) | 8 cadenetas | 6 veces |

# Unir hilo nuevo

Hay varias formas de unir hilo nuevo en función de qué punto se esté utilizando y de si se trabaja en una pieza lisa con vueltas repetidas, en redondo o en una pieza formada por motivos/bloques.

## UNIR HILO CON PUNTO RASO

Este método se puede aplicar en cualquier punto, pero funciona mejor al principio de una vuelta y no se usa cuando se trabaja en redondo.

Remate (*véase* pág. 136). Haga un nudo corredizo con el nuevo hilo en la aguja. Meta la aguja por el primer punto de la vuelta, pase el nuevo hilo alrededor de la aguja y hágalo pasar por todos los puntos de la aguja para crear un punto raso. Continúe trabajando con el nuevo hilo. Cuando la pieza esté acabada, deshaga el nudo y asegure el hilo suelto cosiéndolo.

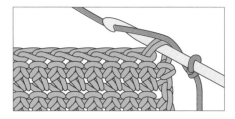

## UNIR HILO CON MEDIO PUNTO

Use estos métodos para unir un nuevo hilo al final o en mitad de una vuelta cuando esté trabajando en una pieza lisa.

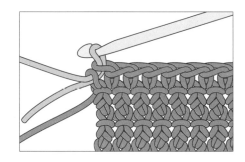

**AL FINAL DE LA VUELTA**
Haga el último punto de la vuelta hasta el último paso, momento en que le quedarán dos puntos en la aguja. Pase el nuevo hilo alrededor de la aguja y a través de los dos puntos de la aguja.

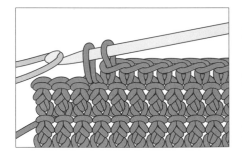

**EN MITAD DE LA VUELTA**
Una el nuevo hilo donde lo indique el patrón haciendo el punto hasta el último paso, momento en que le quedarán dos puntos en la aguja. Pase el nuevo hilo alrededor de la aguja y a través de los dos puntos de la aguja. Continúe trabajando con el nuevo hilo hasta donde lo indique el patrón.

# UNIR HILO
# CON OTROS PUNTOS

Cuando utilice un punto para crear barras, como en el caso del punto alto, siga los siguientes métodos.

## Nota

Cuando trabaje en una pieza lisa, trate siempre de unir el nuevo hilo en el último punto de la vuelta, de modo que esté preparado para usarlo en el primer punto de la siguiente vuelta. Cuando una el nuevo hilo en mitad de una vuelta, es importante crear una unión muy pulcra para que el cambio de hilo no sea muy obvio y le estropee el aspecto de la pieza.

Es preciso unir el nuevo hilo pulcramente cuando se hace una pieza de rayas finas, como en el caso de esta funda de iPod (*véase* pág. 73).

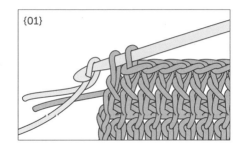

{01}

### AL FINAL DE LA VUELTA

Haga el punto de la vuelta hasta el último paso, momento en que le quedarán dos puntos en la aguja. Pase el nuevo hilo alrededor de la aguja y a través de los dos puntos de la aguja.

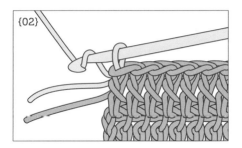

{02}

Dele la vuelta a la labor y haga la siguiente vuelta con el nuevo hilo. Es recomendable hacer un nudo con los dos extremos del hilo para que no se suelten del punto y se le deshaga la labor, pero siempre debe desatar el nudo antes de asegurar el hilo suelto cosiéndolo.

### EN MITAD DE LA VUELTA

Una el nuevo hilo donde lo indique el patrón haciendo el punto hasta el último paso, momento en que le quedarán dos puntos en la aguja. Pase el nuevo hilo alrededor de la aguja y a través de los dos puntos de la aguja. Continúe trabajando con el nuevo hilo hasta donde lo indique el patrón.

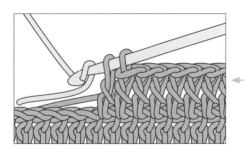

# Trabajar en redondo

Muchos motivos de ganchillo se crean trabajando en redondo (comenzando en el centro y avanzando hacia fuera). Esto significa a menudo que no se necesita dar la vuelta a la labor al final de cada vuelta, por lo que siempre se tiene de cara el mismo lado de la labor.

## HACER UN ARO CON PUNTO DE CADENETA

Para empezar el motivo circular, hay que crear una base de punto de cadeneta sobre la que trabajar.

{01}

Haga el número de puntos de cadeneta necesarios. Cuantos más puntos de cadeneta haga al inicio, mayor será el orificio que le quedará en el centro del motivo.

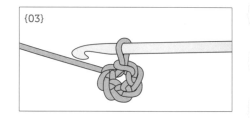

{02}

Una la cadeneta con un punto raso. Para ello, introduzca la aguja en la primera cadeneta que haya hecho después del nudo corredizo inicial. Pase el hilo alrededor de la aguja y por los puntos que hay en la aguja.

{03}

Tire suavemente del hilo para apretar la unión. Así tendrá acabado el aro base del motivo.

## HACER UN ARO DE HILO

En lugar de usar una cadeneta para hacer el aro base, se puede hacer un aro de hilo. Este método no debe usarse con hilos que resbalen, pues se puede aflojar con el paso del tiempo.

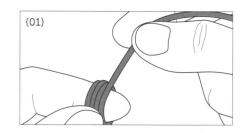

{01}

Enrolle el hilo varias veces alrededor del dedo índice izquierdo y sujete bien el extremo del hilo entre el índice y el pulgar de la otra mano.

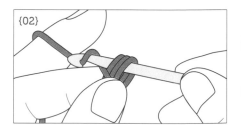

{02}

Con cuidado, pase el aro de hilo del dedo índice a la aguja. Enrolle el hilo alrededor de la aguja y hágalo pasar por el centro del aro. A continuación, haga el número necesario de cadenetas a fin de crear la altura necesaria para el punto que haya elegido.

# HACER PUNTOS EN EL CENTRO DEL ARO

El aro central quedará cubierto por la primera vuelta, por lo que no será visible cuando haya acabado la pieza.

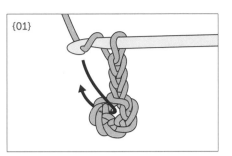

{01}

Haga el aro central, luego cree el número de puntos de cadeneta necesarios para alcanzar la altura del punto que haya elegido. Los tres puntos de cadeneta de la ilustración contarán como el primer punto alto.

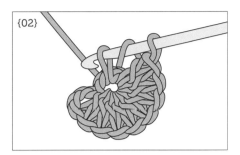

{02}

Para crear los siguientes puntos, comience introduciendo la aguja en el centro del aro. Empuje los puntos para juntarlos y formar un espacio para que quepan todos los puntos necesarios. Cuente los puntos al final de la vuelta; recuerde que la cadeneta inicial puede contar como un punto.

## Nota

Lo normal es que la densidad de los puntos que se hacen sobre el aro inicial sea suficiente para cubrir el orificio del centro del aro. Sin embargo, si le queda un orificio visible que no le gusta, pruebe a empezar la labor haciendo un aro deslizado (*véase* pág. siguiente).

{03}

Cuando acabe la vuelta, una el último punto a la parte superior del primero con un punto raso.

## ARREGLAR UN PUNTO RASO AL FINAL DE UNA VUELTA

Si el punto raso que ha hecho al final de una vuelta está flojo o un poco suelto, puede notarse bastante y formar un punto repetido e inconsistente en el derecho de la pieza. Para evitar esto, puede usar el siguiente método. Quite la aguja del último punto que haya hecho y coloque un marcador de puntos. Desde el revés de la pieza, meta la aguja por el punto donde quiere hacer el punto raso. Meta el punto que antes ha dejado suelto de nuevo en la aguja y hágalo pasar por el punto que tiene en la aguja hacia el revés.

Hacer con cuidado los puntos rasos le ayudará a que los motivos circulares le queden bien definidos.

# EL MÉTODO DEL ARO DESLIZADO PARA EMPEZAR UNA VUELTA

El aro deslizado es un modo alternativo de comenzar una pieza de ganchillo que se va a trabajar en redondo, y evita que quede un orificio en el círculo central. En lugar de comenzar con una cadeneta y unirla para hacer sobre ella la primera vuelta de puntos, se inicia la labor con una sencilla lazada.

## *Nota*

Con el método del aro deslizado se crea un aro ajustable que puede apretarse más después de acabar la primera vuelta para cerrar el orificio. Resulta útil para piezas en las que se quiere crear una textura densa y apretada, como, por ejemplo, juguetes donde se vaya a introducir relleno.

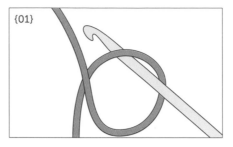

{01}

Comience haciendo una lazada con el hilo. Deje un extremo suelto bastante largo (15-20 cm) para tener un tramo largo con el que trabajar. Sujete con los dedos de la mano izquierda la lazada por el lugar donde se cruza el hilo. El diámetro de la lazada debe ser de unos 2-3 cm.

{02}

Meta la aguja por la lazada de derecha a izquierda para coger el hilo de la parte del ovillo y haga una cadeneta (que no contará como punto).

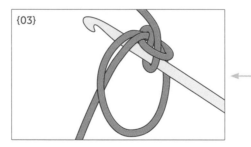

{03}

Haga el primer punto en la lazada (en la ilustración se muestra un medio punto). Tiene que meter la aguja por debajo de los dos tramos de hilo —el hilo que forma la lazada y el del extremo suelto— antes de enganchar la hebra y hacerla pasar por la lazada.

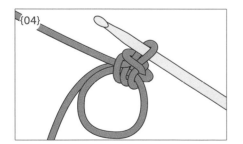

{04}

Aquí tiene el primer medio punto realizado.

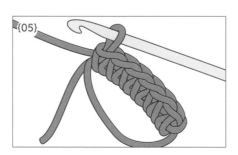

{05}

Continúe hasta hacer todos los puntos que sean necesarios.

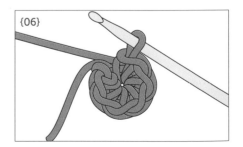

{06}

Tire del tramo de hilo suelto para cerrar el orificio central. Una la vuelta haciendo un punto raso en el primer punto.

# HACER LA SIGUIENTE (SEGUNDA) VUELTA

Cuando se trabaja en un motivo liso, hay que crear un círculo plano y uniforme para evitar que la labor adquiera una forma tubular. Tendrá que aumentar el número de puntos en cada nueva vuelta haciendo más de un nuevo punto en todos o en alguno de los puntos de la vuelta anterior.

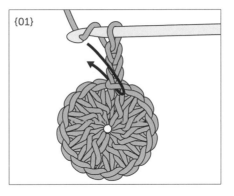

{01}

Realice el número necesario de puntos de cadeneta para crear la altura del punto de la siguiente vuelta.

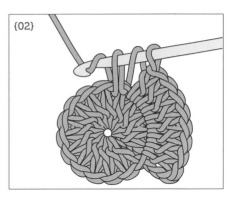

{02}

Realice dos puntos en cada uno de los puntos de la vuelta anterior. Cuando la vuelta esté completa, una con punto raso el último punto con la parte superior del primero.

## Nota

Por regla general, en la primera vuelta en la que vaya a aumentar, se le indicará que realice dos puntos en cada uno de los puntos de la vuelta anterior.

La perfecta forma circular de este agarrador (*véase* pág. 58) se consigue haciendo aumentos regulares.

## AUMENTAR ALREDEDOR DEL ARO

Tras la primera vuelta de aumento, tendrá que añadir nuevos puntos con menos frecuencia. Lo normal es que se le indique que incremente en un punto la vuelta anterior y a continuación que haga uno o dos puntos normales antes de volver a hacer otro aumento. A veces, hay más espacio entre los aumentos; también puede que se le indique que realice más de dos puntos en un punto de la vuelta anterior para obtener el recuento de puntos correcto.

Cuando se trabaja con un gráfico, los aumentos se indican por medio de dos o tres puntos sobre una forma en V o W colocada sobre un punto de la vuelta inferior.

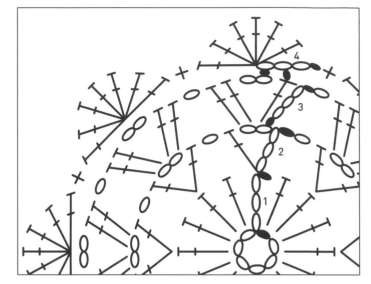

## VUELTAS PLANAS

Al trabajar en redondo, es muy normal que las piezas queden algo fruncidas, lo que podría deberse a que se ha aumentado demasiadas veces o a que no se ha trabajado con la tensión correcta. Si está siguiendo un patrón y los motivos le quedan ondulados, pruebe a utilizar una aguja más pequeña.

Motivo circular que ha quedado fruncido.

Motivo circular perfectamente plano.

# UNIR HILO NUEVO

Puede elegir usar cualquiera de los métodos de las páginas 100-101 para unir un nuevo hilo cuando trabaje en redondo o en un motivo/bloque. Sin embargo, obtendrá resultados más pulcros si une el nuevo hilo después de haber rematado el hilo anterior.

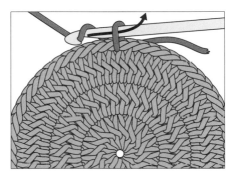

Remate el hilo anterior. Meta la aguja en el último punto. Cree el número necesario de cadenetas para hacer el punto elegido y luego continúe trabajando con el nuevo hilo tal como se indique.

# REALIZAR UN MOTIVO MULTICOLOR

Cuando quiera crear un motivo que implique que haya que cambiar el color en cada nueva vuelta, la labor le quedará más pulcra si remata el hilo de un color y luego une el siguiente en una posición distinta.

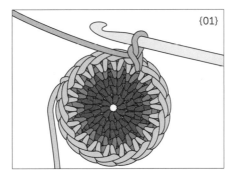
{01}

Al final de la primera vuelta, haga un punto raso en el primer punto de la vuelta anterior. Corte el hilo y remate. Una el siguiente color haciendo un punto raso en otro lugar del motivo.

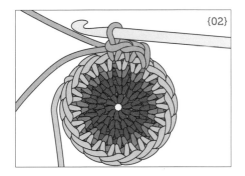
{02}

Haga las cadenetas que sean necesarias para alcanzar la altura del punto que va a hacer. Sujete el tramo de hilo suelto de la mano izquierda en línea con la parte superior de la última vuelta y efectúe los siguientes puntos encima para entretejer.

Motivo circular en el que se han rematado los hilos de un color en un lugar y se han unido los nuevos colores en otro distinto.

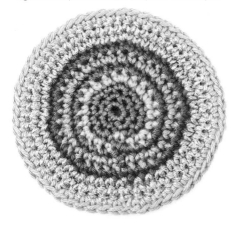

Motivo circular en el que se han unido los colores al final de vuelta. Nótese que el primer punto del nuevo color invade el anterior.

Convertir motivos redondos en cuadrados

Muchos motivos de ganchillo comienzan con un círculo de puntos que se hace alrededor de una cadeneta central. Incluso formas de bordes afilados, como cuadrados o triángulos, pueden empezarse con un círculo como base. Para conseguir una forma más angular partiendo de un círculo, tendrá que aprender a crear esquinas.

## UN CUADRADO A PARTIR DE LA CADENETA CENTRAL

Para crear una esquina, tendrá que realizar más de un punto en un espacio. En este ejemplo se explica cómo hacer el clásico «cuadrado de la abuela» con punto alto.

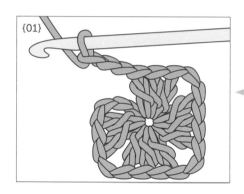

{01}

Haga 6 c. y únalas con un p. r. para crear un aro. Haga 3 c. para alcanzar la altura del punto (se contarán como un punto). Haga 2 pts. más en el centro del aro. Para crear una esquina, haga 3 c. Haga 3 pts. en el centro del aro. Repita hasta haber creado cuatro esquinas. Haga un p. r. sobre las 3 c.

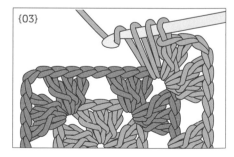

{02}

{03}

*Página siguiente:* el clásico «cuadrado de la abuela», motivo que se encuentra muy a menudo en las piezas de ganchillo, se crea a partir de un aro inicial de punto de cadeneta.

En la segunda vuelta y las siguientes, una el hilo del nuevo color en un espacio de la esquina. Esta vez, haga 3 pts., 3 c., 3 pts., 1 c. en la esquina que creó en la vuelta anterior.

A medida que el cuadrado vaya creciendo, haga un bloque de 3 pts. en el espacio de cadeneta de la vuelta anterior; así cubrirá el espacio entre esquina y esquina.

Mollie HACE... GANCHILLO

## HACER UN CUADRADO A PARTIR DE UN CÍRCULO

Aquí se muestra un motivo redondo sin esquinas de cadeneta. Para hacerlo cuadrado, hay que asegurarse de que el número de puntos ya creados sea divisible por cuatro: así se podrá obtener el número correcto de esquinas espaciadas de manera uniforme.

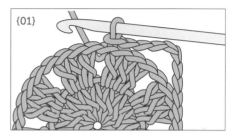

{01}

Haga una serie de espacios de cadeneta alrededor de la pieza que permitan crear la siguiente vuelta. Haga un espacio de cadeneta mayor en cada una de las cuatro esquinas.

{02}

En la siguiente vuelta, cree grupos pequeños de puntos en línea con los lados del bloque y, después, haga un múltiplo mayor en la esquina. Es una buena idea que aquí el número sea impar, como 3, 5 o 7, en función del tamaño del bloque y de la barra del punto.

# REALIZAR ESQUINAS EN OTROS BLOQUES

Si está trabajando con una forma que no es un cuadrado, tendrá que crear un número distinto de esquinas.

Los motivos de la colcha de sofá (*véanse* págs. 64-67) comienzan con formas circulares, pero en la última vuelta se añaden seis esquinas para crear la forma hexagonal.

# REALIZAR FORMAS HEXAGONALES U OCTOGONALES

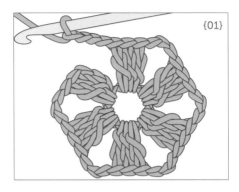
{01}

Comience con un aro central más grande que deje suficiente espacio para las esquinas en las vueltas siguientes. En el «hexágono de la abuela» clásico, trabaje como en el caso del «cuadrado de la abuela» (*véase* pág. 108), repitiendo esquinas creadas por cadenetas y grupos de puntos alrededor del aro central y asegurándose de que obtiene el número correcto de esquinas para la forma deseada.

{02}

En las siguientes vueltas, una el nuevo color en un espacio de esquina y haga dos grupos de puntos unidos por una cadeneta a fin de crear la esquina para la vuelta siguiente.

# CONVERTIR UNA FORMA CIRCULAR EN UNA FORMA ANGULAR

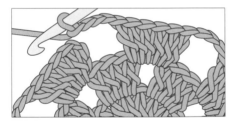

Haga más de una vuelta antes de empezar a hacer las esquinas.

## *Nota*

Cuando se hace un «cuadrado o un hexágono de la abuela», hay que empezar con cada nuevo color en un espacio de esquina, lo que dificultará entretejer el extremo suelto del hilo al trabajar en la siguiente vuelta, por lo que tendrá que coserlo (*véanse* págs. 136-137). Para que la pieza le quede lo más pulcra posible, intente unir el hilo en esquinas distintas.

# Hacer formas tubulares

Uno de los aspectos más atrayentes del arte del ganchillo es que se puede elegir si se quiere crear una pieza plana o una que configure un tubo o un cilindro. El ganchillo tubular se puede utilizar para hacer prendas como mitones, calcetines, accesorios o juguetes.

## HACER UN CILINDRO EN ESPIRAL

Cuando se hacen puntos con barras cortas, como en el caso del medio punto, se puede trabajar el cilindro en espiral; es decir, que no hará falta acabar cada vuelta con un punto raso o comenzar una vuelta con una cadeneta para alcanzar la altura del punto.

Un cilindro hecho con medio punto.

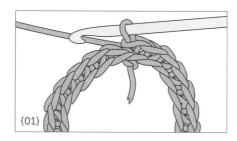

{01}

Haga una cadeneta para alcanzar la altura necesaria; vigile que no quede retorcida. Haga un punto raso en el primer punto para formar un aro. Haga una vuelta de puntos en cada cadeneta y únala haciendo un punto raso en el primer punto creado.

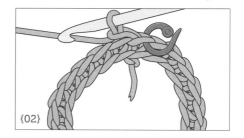

{02}

Coloque un marcador de puntos en el último punto que haya hecho. Cree otra vuelta haciendo un punto nuevo en cada uno de los puntos de la vuelta anterior.

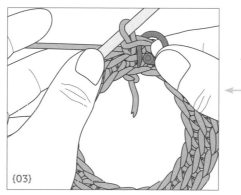

{03}

Al final de la vuelta, no haga un punto raso en el primer punto de la vuelta anterior; continúe trabajando en espiral haciendo un punto en el primer punto de la vuelta anterior y colocando el marcador en el nuevo punto para indicar el final/comienzo de la vuelta. Siga trabajando de este modo y reemplazando el marcador al principio/final de cada vuelta hasta que la pieza alcance la longitud deseada.

# Dar forma a piezas de ganchillo

Cuando se hace una pieza o se sigue un patrón de ganchillo —al hacer puntos decorativos como zigzags, por ejemplo—, puede que haya que aumentar o disminuir el número de puntos de la vuelta. Aumentar y disminuir puede hacerse en medio de una vuelta o en los extremos.

## AUMENTAR PUNTOS DENTRO DE UNA VUELTA

Si el aumento se va a hacer en mitad de una vuelta, en el patrón normalmente se indicará dónde hay que hacer los puntos adicionales. Los aumentos se pueden realizar con cualquier punto; en las ilustraciones se muestran aumentos de un punto y de dos puntos creados con punto alto.

### HACER UN PUNTO EXTRA

Trabaje hasta el lugar donde se necesita el aumento. Haga dos puntos en el siguiente punto.

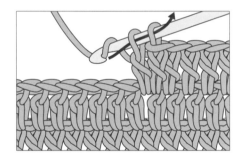

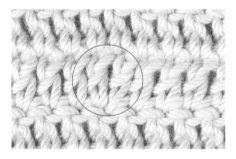

Detalle de un aumento de un punto, en el que se han hecho dos puntos sobre uno.

### HACER MÁS DE UN PUNTO EXTRA

Trabaje hasta el lugar donde se necesita el aumento. Haga tres (o más puntos) en el siguiente punto.

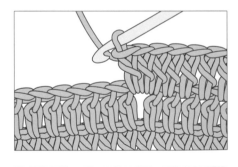

Detalle de un aumento de dos puntos, en el que se han hecho tres puntos sobre uno.

## DISMINUIR PUNTOS DENTRO DE UNA VUELTA

Para disminuir un punto dentro de una vuelta, trabaje hasta donde sea necesaria la reduccción, tal y como se indique en el patrón. Las disminuciones se pueden hacer con cualquier punto; en la ilustración mostramos un ejemplo hecho con medio punto.

Detalle de una disminución de un punto en la que de dos puntos se ha pasado a uno. La pieza está hecha con medio punto.

{01}

Haga un punto incompleto deteniéndose antes del último paso. Trabaje en los siguientes dos puntos para dejar tres puntos en la aguja.

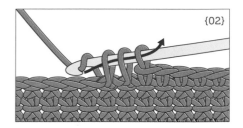

Pase el hilo alrededor de la aguja y de los tres puntos.

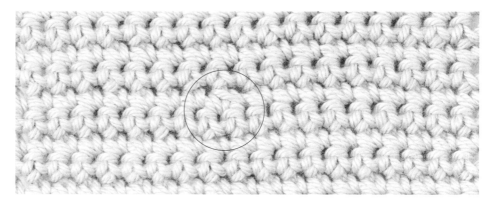

## AUMENTAR PUNTOS POR LA DERECHA

Para aumentar en el lado derecho de la pieza, tendrá que añadir una zona de punto de cadeneta sobre la que hacer la vuelta siguiente. Esta cadeneta se introduce al final de una vuelta del revés.

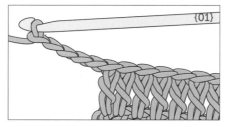

Trabaje hasta el final de la vuelta del revés. Haga el número de cadenetas necesario sin olvidarse de añadir las que puedan ser precisas para dar la vuelta.

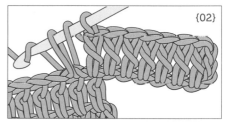

Dé la vuelta a la labor y empiece a hacer la siguiente vuelta de puntos en la cadeneta para luego pasar a hacerlos en los puntos de la vuelta anterior.

Aumentar por el lado derecho.

# AUMENTAR PUNTOS POR LA IZQUIERDA

Cuando se usa un punto con una barra larga, puede que sea necesario crear la forma al final de la misma vuelta para evitar tener que hacerlo en la parte izquierda.

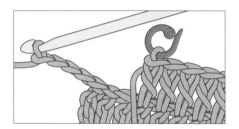

Trabaje hasta los últimos puntos de la vuelta. Quite de la aguja el punto con el que esté trabajando y colóquelo en un utensilio para sujetar puntos. Una un cabo de hilo al punto final de la vuelta y haga el número necesario de puntos de cadeneta. Remate la cadeneta. Vuelva a meter en la aguja el punto que había soltado y trabaje hasta el final de la vuelta haciendo los últimos puntos sobre la vuelta anterior y los siguientes sobre la cadeneta añadida.

Aumentar por el lado izquierdo.

# DAR FORMA A LA INVERSA

En los patrones de ganchillo existen algunos modos estipulados de dar instrucciones. Para ahorrar espacio, muchos patrones pueden indicar que «trabaje del modo señalado», por ejemplo, para que no haga falta anotar todas las vueltas del patrón. Una instrucción que a veces puede confundir un poco es la de «dar forma a la inversa».

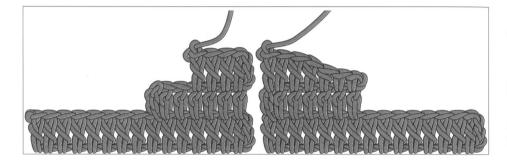

Cuando dé forma a la inversa, primero tendrá que hacer una pieza según como indique el patrón y, después, una segunda pieza que sea como una imagen en un espejo de la primera. Para ello tendrá que dar forma como se indicaba para la primera pieza, pero en el lado contrario de la vuelta. Un modo de no perderse es dibujar en un papel la forma que tiene que trazar.

# DAR FORMA GRADUALMENTE

Con un punto de barra larga, dar forma puede quedar poco elegante, pues se ven los bordes de la pieza escalonados. En estos casos, será preferible dar forma gradualmente, de modo que la pieza adopte una ligera pendiente.

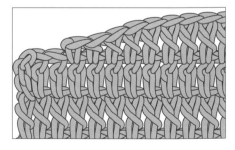

Realice una secuencia de puntos con barras más cortas al principio de la vuelta, tal y como se muestra en la ilustración.

# Puntos decorativos

En cuanto haya adquirido los conocimientos básicos de ganchillo, podrá empezar a realizar puntos más decorativos en lugar de simplemente hacer vueltas. Si conoce la técnica de los aumentos y disminuciones, por ejemplo, podrá crear ondas y zigzags. Trabajar en las vueltas anteriores le permitirá hacer el llamativo «punto caído».

## PUNTO CAÍDO

Este punto se hace trabajando sobre la parte superior de puntos de una vuelta anterior. Esta técnica puede ser particularmente eficaz cuando se trabaja con colores que contrastan en una formación de rayas, pero también puede ser atractiva en piezas de un solo color.

### Nota

Puede ser bastante difícil saber bien dónde meter la aguja para hacer un punto caído correcto. Conseguir un punto caído perfectamente vertical tiene su complicación, así que tómese su tiempo y practique. Si es necesario, deshaga los puntos que le queden inclinados.

## HACER UN PUNTO CAÍDO CON PUNTO ALTO

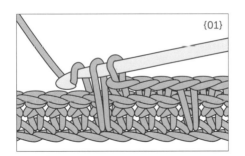

{01}

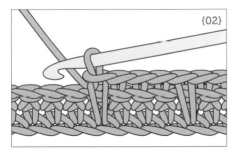

{02}

Trabaje hasta el lugar donde va el punto caído. Por la parte de delante de la labor, cuente unas pocas vueltas (en función de lo largo que quiera que sea el punto); luego meta la aguja por el tejido hacia el revés de la labor con cuidado de no dividir el hilo. Pase el hilo alrededor de la aguja y luego hacia el derecho de la labor para formar otro punto en la aguja.

No tire del hilo para apretar el punto pues la labor le quedará fruncida. Pase el hilo alrededor de la aguja y complete el punto.

El punto caído de la funda del iPad (véanse págs. 42-44), trabajado con punto alto, muestra lo llamativo que puede ser este punto cuando se utilizan colores vivos y que contrastan.

# PUNTO EN ZIGZAG

El característico punto en zigzag
se crea mediante una serie de
aumentos y disminuciones que
suelen establecerse en la vuelta
base para luego repetirse por toda
la labor.

## ZIGZAG CON MEDIO PUNTO

Esta técnica es para un punto de zigzag característico.

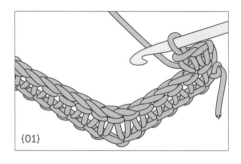

{01}

Haga una cadeneta de la longitud
adecuada. Realice una vuelta de puntos
sobre la cadeneta. Haga dos puntos
en el primer punto de la vuelta.

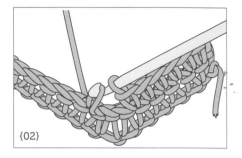

{02}

Trabaje hasta donde haya que hacer
la disminución,*sáltese los siguientes
dos puntos. Continúe haciendo puntos
sobre cada punto de la vuelta anterior.

Zigzag hecho con medio punto.

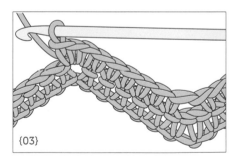

{03}

Trabaje hasta donde haya que hacer
la disminución, haga tres puntos en el
siguiente punto. Continúe haciendo puntos
sobre cada punto de la vuelta anterior.
Repita desde * hasta el final de la vuelta.
Haga dos puntos sobre el último punto
antes de dar la vuelta a la labor para
continuar con la siguiente vuelta.
Repita el proceso en la siguiente vuelta.

## ZIGZAG
## CON PUNTO ALTO

Para que queden pulcros los bordes de la labor y mantener un recuento de puntos correcto en los diseños de zigzag que se hacen con puntos de barras más largas puede ser necesaria una disminución o un punto raso al principio de la vuelta.

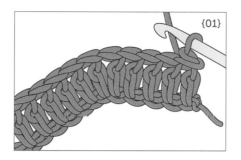

Haga la primera vuelta, dé la vuelta a la labor y haga un punto raso en el segundo punto de la vuelta anterior. Cree la cadeneta para dar la vuelta.

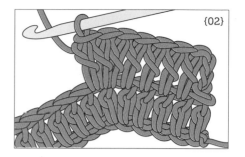

*Trabaje hasta donde haya que realizar un aumento, haga tres puntos en el siguiente punto.

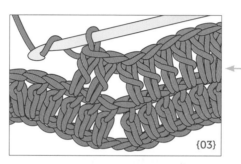

Trabaje hasta donde haya que hacer una disminución, sáltese los siguientes dos puntos. Continúe haciendo puntos sobre la siguiente secuencia de puntos de la vuelta anterior. Repita desde * hasta el final de la vuelta.

Zigzag hecho con punto alto.

## *Nota*

Los diseños en zigzag se hacen trabajando vértices en dos puntos repetidos de la pieza. La parte superior del zigzag se crea aumentando y la inferior, disminuyendo. El número de puntos que hay que dar entre estos dos vértices variará en función del diseño individual, pero el recuento de puntos suele permanecer constante. Es buena idea contar los puntos al final de cada vuelta. Si le faltan puntos, podría tener que aumentar en el primer o en el último punto de la vuelta. Puede ser difícil detectar dónde que hay disminuir o aumentar, por lo que se recomienda usar marcadores de puntos para identificar los vértices del diseño en zigzag.

# ONDAS

Los diseños de ondas son similares a los de zigzag en el sentido de que los puntos se aumentan para formar una «cima» y se disminuyen para configurar un «valle». Sin embargo, una onda es menos angular; los aumentos y las disminuciones se hacen sobre más puntos. Aquí explicamos la técnica de las ondas usando punto alto.

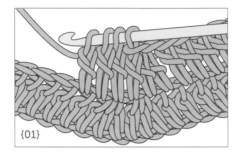

{01}

Trabaje hasta donde haya que hacer la disminución (serán 6 puntos en la base del valle, o sea, 3 a cada lado del punto central). *En los siguientes 3 puntos, haga 3 puntos incompletos dejando un punto en la aguja cada vez, como si estuviera haciendo un racimo (*véase* pág. 120). Luego júntelos pasando el hilo por ellos. Repita desde * una vez más.

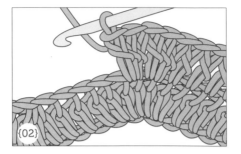

{02}

Trabaje hasta donde haya que hacer el aumento (los dos puntos centrales de la parte superior de la onda anterior). Haga tres puntos en cada uno de ellos.

Ondas con punto alto.

Las ondas quedan muy bien si se trabajan con secuencias de color.

# RELIEVES

Cree una línea de hilo tejiendo solo en una de las hebras de los puntos de una vuelta. Puede hacerlo con cualquier punto o combinación de puntos. El relieve irá alternando entre el lado del derecho y el del revés en cada vuelta si trabaja de manera continua por el mismo lado del punto. Si quiere que el relieve le quede siempre por la misma cara de la pieza, vaya alternando el lado del punto por el que trabaja.

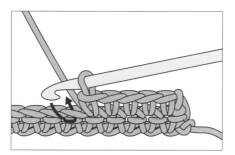

### TRABAJAR POR DELANTE DEL PUNTO USANDO MEDIO PUNTO

Sujete la labor de manera que vea claramente los puntos de la parte superior de la vuelta anterior. Introduzca la aguja por la hebra que está en la parte delantera de la vuelta anterior.

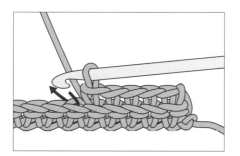

### TRABAJAR POR DETRÁS DEL PUNTO USANDO MEDIO PUNTO

Sujete la labor de manera que vea claramente los puntos de la parte superior de la vuelta anterior. Introduzca la aguja por la hebra que está en la parte trasera de la vuelta anterior.

La solapa de la funda del Kindle (*véanse* págs. 74 y 75) se comienza haciendo con una vuelta de medio punto sobre las hebras de atrás, lo que crea una línea de doblez perceptible.

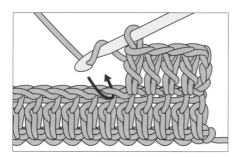

### TRABAJAR POR DELANTE DEL PUNTO USANDO PUNTO ALTO

Sujete la labor de manera que vea claramente los puntos de la parte superior de la vuelta anterior. Introduzca la aguja por la hebra que está en la parte delantera de la vuelta anterior.

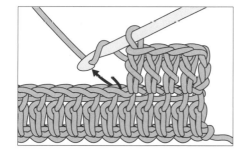

### TRABAJAR POR DETRÁS DEL PUNTO USANDO PUNTO ALTO

Sujete la labor de manera que vea claramente los puntos de la parte superior de la vuelta anterior. Introduzca la aguja por la hebra que está en la parte trasera de la vuelta anterior.

# Puntos con textura

Existen diversos puntos con textura que se pueden crear con ganchillo. Estos puntos (normalmente hechos con medio punto o punto alto) resaltan en la superficie de las piezas y pueden aportar un toque tridimensional a una prenda.

## RACIMOS

Los racimos se hacen con series de puntos incompletos o bien con una secuencia de puntos individuales o bien con un espacio de cadeneta para formar un grupo de puntos muy juntos. En el paso final, todos los puntos se juntan para formar uno solo. Damos aquí instrucciones para hacer un racimo de puntos sobre dos puntos usando punto alto. Los racimos son más eficaces cuando se utiliza un punto de barras largas.

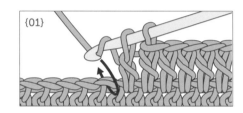

Pase el hilo alrededor de la aguja y haga un punto alto en el siguiente punto de la vuelta deteniéndose antes del último paso para que le queden dos puntos en la aguja.

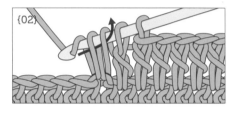

Realice otro punto alto del mismo modo en el siguiente punto de manera que le queden tres puntos en la aguja.

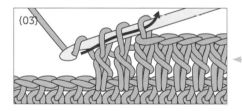

Pase el hilo alrededor de la aguja y por todos los puntos que tenía en ella para crear un solo punto.

## REALIZAR UN RACIMO EN UN ESPACIO DE CADENETA

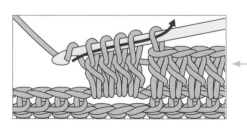

Realice una serie de puntos incompletos en el espacio creado por una cadeneta de la vuelta anterior. Acabe pasando el hilo a través de los puntos que le han quedado en la aguja. En la ilustración se muestra un racimo de cuatro puntos.

Punto hinchado hecho con punto alto en
una pieza realizada con medio punto.

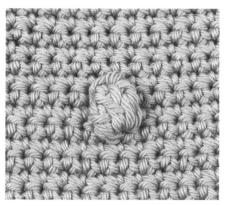

Un bodoque de cinco puntos
(*véase* pág. 122) en una pieza realizada
con medio punto.

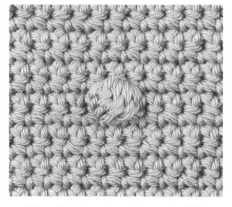

Una piña de varetas (*véase* pág. 123)
en una pieza realizada con medio punto.

# PUNTO HINCHADO

El punto hinchado es similar en aspecto a los bodoques (*véase* pág. 122)
y las piñas de varetas (*véase* pág. 123), pero un poco más suave y menos
definido. Se realiza haciendo tres o más puntos en el mismo punto
o espacio.

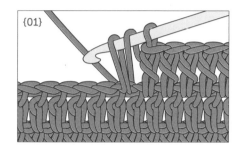

Pase el hilo alrededor de la aguja y del
punto dejando tres puntos en la aguja.

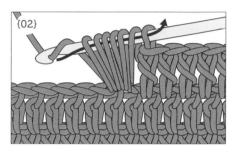

Repita el paso 1 dos veces más metiendo
la aguja en el mismo punto. En la ilustración
hay siete puntos en la aguja. Pase el hilo
alrededor de la aguja y por todos puntos
que le han quedado en la aguja.

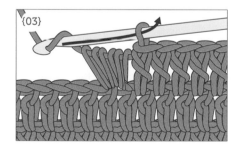

Pase el hilo alrededor de la aguja una vez
más y por el punto que le ha quedado
en la aguja. Así asegurará los puntos.

## *Nota*

Esta secuencia muestra el modo de
hacer punto hinchado con punto alto.
Trabaje hasta donde quiera que esté el
punto hinchado y aplique esta técnica.

# BODOQUE

Un bodoque se hace creando un grupo de puntos en un solo punto o espacio, igual que en el caso del punto hinchado o la piña de varetas (*véanse* págs. 121 y 123), pero difiere de estos en que se hace partiendo de grupos completos de puntos que se unen en el último paso del punto. El bodoque es un punto de relieve que resulta más eficaz cuando se hace usando un punto de barra larga.

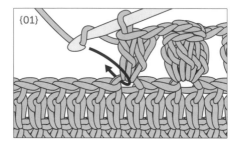

Trabaje hasta donde haya que realizar el bodoque. Sáltese dos puntos de la vuelta anterior y cree un grupo de cinco puntos dentro del mismo punto.

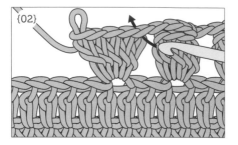

Retire la aguja del punto donde esté trabajando. Asegurándose de que este punto no se deshaga, meta la aguja en la parte superior del primer punto del grupo de cinco.

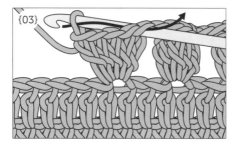

Vuelva a meter el punto que antes dejó suelto en la aguja y hágalo pasar por el primer punto del grupo de cinco. Pase el hilo alrededor de la aguja y hágalo pasar por el punto que acaba de hacer para asegurar el bodoque.

## *Nota*

Esta secuencia muestra un bodoque básico de cinco puntos hecho con punto alto.

Los bodoques del agarrador cuadrado (*véase* pág. 59) están hechos con grupos de siete puntos altos.

# PIÑAS DE VARETAS

Una piña de varetas es un punto muy robusto que consiste en hacer un grupo de puntos dentro de un solo punto o un solo espacio (como en el caso del bodoque o el punto hinchado); al final del proceso se trabajan juntos todos los puntos del grupo para formar un solo punto.

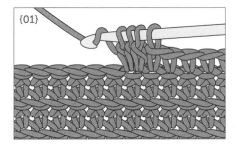

Con el lado del revés de la labor mirando hacia usted, trabaje hasta donde quiera situar la piña de varetas. Haga tres puntos incompletos dejando el último punto de cada uno en la aguja, de modo que al final le queden cuatro puntos en ella.

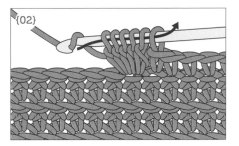

Haga dos puntos incompletos más para dejar seis puntos en la aguja. Pase el hilo alrededor de la aguja y a través de todos los puntos que tiene en ella.

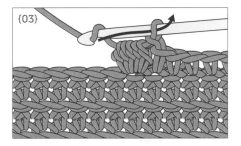

Pase el hilo alrededor de la aguja una última vez y a través del punto que tiene en la aguja. Empuje suavemente el grupo de puntos hacia el lado del derecho de la labor.

## *Nota*

Esta secuencia muestra una piña de varetas básica de cinco puntos, hecha con punto alto trabajado por la parte de atrás del punto sobre una base de medio punto.

Las piñas de varetas de la funda del iPad (*véanse* págs. 70-73) están hechas con punto alto sobre medio punto.

# Puntos de encaje y calados

Una de las características más reconocibles del ganchillo es su uso en puntos decorativos, de encaje y calados; de hecho, su origen se encuentra en la imitación del fino encaje de nudos hecho a mano. Los patrones de este tipo suelen realizarse trabajando en espacios de cadeneta o entre puntos.

## SALTARSE PUNTOS

En algunos casos, un patrón puede indicar que hay que saltarse uno o varios puntos, bien sea para hacer una disminución o una repetición.

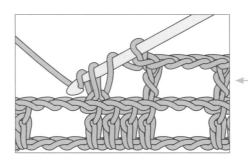

Para saltarse el número de puntos necesarios habrá que contar los puntos de la vuelta anterior y luego empezar a trabajar en el primer punto posterior al punto o grupo de puntos que se hayan contado. Esta es la técnica que suele utilizarse al hacer encajes o calados.

El patrón tipo encaje de la colcha infantil (*véase* pág. 27) se crea saltándose puntos de la vuelta anterior.

# TRABAJAR EN ESPACIOS CREADOS POR PUNTOS O CADENETAS

En ocasiones, el patrón indicará que hay que hacer un punto o un grupo de puntos en un espacio creado en la vuelta anterior, en lugar de en un punto de la vuelta anterior.

En muchos diseños de flores se crea el efecto de los pétalos haciendo puntos en espacios de cadeneta.

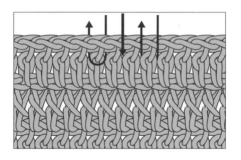

## TRABAJAR EN ESPACIOS CREADOS POR PUNTOS

Para trabajar en el espacio creado entre dos puntos cuando se utilizan puntos que tienen una barra —como es el caso del punto alto—, tendrá que introducir la aguja en el espacio que se forma entre dos puntos, que está más abajo que los puntos propiamente dichos.

## TRABAJAR EN ESPACIOS CREADOS POR CADENETAS

Hay que introducir la aguja en el espacio creado por la cadeneta y no en los puntos individuales. Verá que al utilizar este método los puntos cubren la cadeneta.

Aquí, los puntos altos se han trabajado entre los puntos de la vuelta anterior para ofrecer un aspecto «compensado» característico.

El efecto de calado del ribete de la colcha de «cuadros de la abuela» (*véase* pág. 52) se ha conseguido haciendo grupos de puntos en espacios de cadeneta.

# PUNTO DE RED

El patrón de red se puede utilizar como tejido de base para crear puntos más texturales. Como es muy calado, funciona muy bien en patrones de encaje. Puede ser difícil hacer bien el recuento de puntos, así que no deje de contar los puntos al final de cada vuelta.

Red básica.

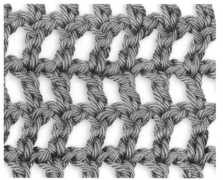

Red básica compensada: haga los puntos en el espacio que queda entre los puntos de la vuelta anterior.

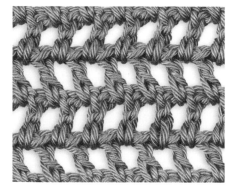

## RED BÁSICA

Para hacer una red, deberá usar puntos que tengan una barra larga y trabajar en los puntos propiamente dichos de la vuelta anterior.

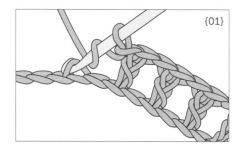

Haga una vuelta de puntos sobre la cadeneta de base saltándose 1 c. y haciendo 1 c. entre cada punto.

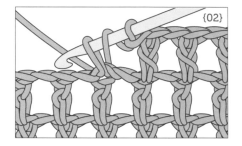

Introduzca la aguja en la parte superior de los puntos de la vuelta anterior. Así creará una red en la que los puntos estarán alineados.

## RED COMPENSADA

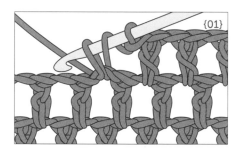

Haga una vuelta de puntos sobre la cadeneta base saltándose 1 c. y dejando 1 c. entre cada punto. En la vuelta siguiente, meta la aguja en la parte correspondiente al espacio vacío de la red.

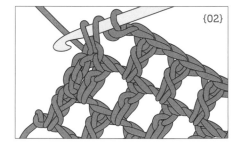

El patrón de la red es alterno y hay menos espacios donde hacer los puntos. Cree un punto adicional al final de la vuelta, sobre la parte superior del primer punto de la vuelta anterior, para corregir el recuento de puntos.

# ENREJADO

Este patrón también es muy eficaz para hacer de fondo con puntos más texturales y puede quedar muy bien cuando se utiliza combinado con un ribete de encaje, por ejemplo.

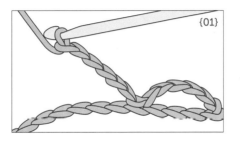

Los espacios de cadeneta se crean realizando series de cadenetas alrededor de un tercio más largas que el número de puntos de cadeneta que se saltan. La longitud de la cadeneta puede variar de un patrón a otro.

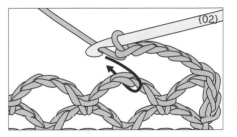

El último espacio de la cadeneta de la vuelta es ligeramente más corto. La cadeneta del principio de la vuelta se ancla entonces, mediante un punto raso u otro punto de barra corta, en el espacio de la cadeneta de la vuelta anterior.

Muestra de enrejado.

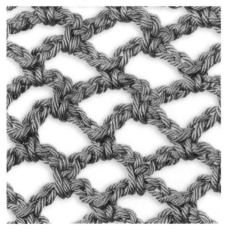

## VARIACIONES DEL ENREJADO

Al realizar este tipo de patrón, se puede elegir cuántos puntos de cadeneta se desea aplicar entre los puntos de unión del diseño: cuanto más larga sea la cadeneta, más calado le quedará el diseño. Puede que también quiera experimentar mediante la creación de espacios de tamaños irregulares, con lo que trabajará de un modo más libre.

La funda de cojín de encaje y rayas (*véanse* págs. 60-63) demuestra la eficacia de combinar el enrejado con grupos de puntos altos para crear un diseño de encaje.

# CONCHAS Y ABANICOS

Para los puntos de concha y de abanico se hace un grupo de puntos dentro de un espacio o de un punto. Como este conjunto de puntos ocupa más espacio que un punto individual, los puntos se extienden en forma de concha o de abanico. Estos puntos se suelen aplicar combinados con un fondo de red o de enrejado para hacer intrincados patrones de encaje.

Las conchas pueden quedar especialmente bien si se hacen en vueltas de colores que contrasten.

## CONCHA BÁSICA DE TRES PUNTOS USANDO PUNTO ALTO

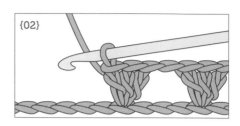

{01}

Trabaje hasta el lugar donde debe ir la concha, sáltese el número de cadenetas/puntos que diga el patrón (aquí mostramos que se saltan tres cadenetas) y haga un punto en la siguiente cadeneta/punto.

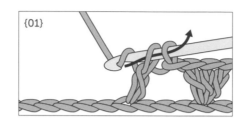

{02}

Haga otros dos puntos en la misma cadeneta/punto, con lo que tendrá una concha completa.

Concha básica de tres puntos en punto alto.

## Nota

Las conchas están formadas por grupos pequeños de puntos (unos tres o cuatro). A un grupo grande de puntos (entre cinco y siete) se le llama abanico porque ocupa más espacio que una concha.

{03}

Para que el recuento de puntos sea correcto, puede que sea necesario tejer media concha al principio o al final de la vuelta. Para hacerlo al principio de la vuelta, introduzca dos puntos dentro del primer punto.

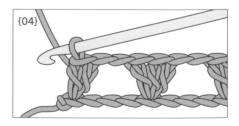

{04}

Para hacerlo al final de la vuelta, introduzca dos puntos en el último punto de la vuelta.

## REALIZAR UN ABANICO AMPLIO QUE OCUPE MÁS DE UNA VUELTA

{01}

El abanico puede empezar a hacerse en la primera vuelta después de la vuelta base, o también en las vueltas subsiguientes. Lleve la cuenta de los puntos a medida que los haga. Los abanicos suelen hacerse con un número impar de puntos, como cinco o siete. Si cuenta mal los puntos en la primera vuelta, podría estropear el patrón.

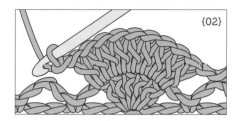

{02}

Para hacer un abanico que aumente su anchura en las siguientes vueltas, incremente a medida que el patrón lo indique en los puntos de la vuelta anterior sobre la parte superior. De nuevo, cuente los puntos.

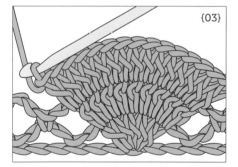

{03}

En la última vuelta de una repetición de patrón, aumente del modo en que se indique en el patrón los puntos de la vuelta anterior sobre la parte superior. De nuevo, cuente los puntos.

Abanico amplio hecho en más de una vuelta.

## REALIZAR UN ABANICO EN UN ESPACIO DE CADENETA

El patrón puede indicar que el grupo de puntos que forman el abanico se hagan en el espacio creado por una cadeneta de la vuelta anterior. Para trabajar de este modo, introduzca la aguja en el espacio formado por la cadeneta de la vuelta anterior y haga los puntos sobre la parte superior de la cadeneta, que quedará envuelta por los puntos.

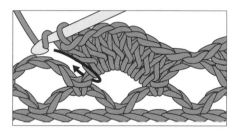

Abanico hecho sobre espacios de cadeneta.

# Ribetes de ganchillo

Las piezas de ganchillo tienden a rizarse. Si se desea que la pieza quede plana, puede que sea necesario hacerle un ribete de algún tipo que evite esta tendencia. Pero los ribetes no solo se utilizan para este fin; también aportan un toque estético a las piezas de ganchillo.

## CREAR UN RIBETE DE GANCHILLO EN UNA PIEZA DE GANCHILLO

Muchas piezas de ganchillo requerirán un borde o ribete decorativo de algún tipo. Este se puede crear directamente en la pieza y hacerse con hilo a juego o bien con uno que contraste.

### MARCAR EL BORDE

Si tiene que hacer un número determinado de puntos a lo largo del borde, es una buena idea colocar marcadores a espacios regulares para garantizar el recuento correcto. Mida el borde de la pieza. Decida con qué frecuencia tiene que colocar los marcadores —por ejemplo, cada 5 cm— y utilice marcadores específicos de puntos o hilo atado o cosido. Cuente el número de espacios que hay entre los marcadores y divida el número total de puntos que necesita por los espacios para saber cuántos marcadores tendrá que colocar.

Por ejemplo, si hay 10 espacios entre los marcadores y necesita hacer 50 pts., entonces el cálculo será 50 dividido por 10, lo que dará 5 puntos entre cada marcador.

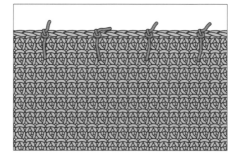

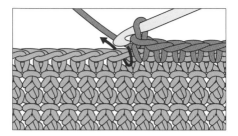

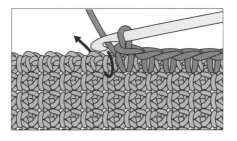

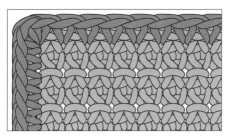

## TRABAJAR A LO LARGO DE LA PARTE SUPERIOR (ÚLTIMA VUELTA) O LA INFERIOR (CADENETA BASE)

Introduzca la aguja en el centro de cada punto por la parte frontal de la labor.

Los posavasos (*véanse* págs. 12-15) tienen un ribete hecho con medio punto alto con hilo que contrasta.

## TRABAJAR A LO LARGO DE UN LADO

Introduzca la aguja por la parte frontal, por donde acaba el primer punto contado desde el borde.

## LAS ESQUINAS

Si tiene que trabajar una esquina, deberá hacer suficientes puntos para cubrirla. Para ello, haga tres puntos en el punto de la esquina de la primera vuelta. Puede que haga falta crear más puntos o áreas de cadeneta en posteriores vueltas para lograr una esquina bien acabada.

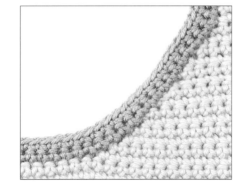

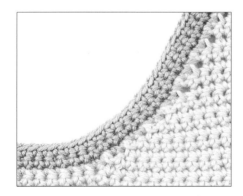

## UTILIZANDO PUNTO RASO

Crear una vuelta de punto raso en la pieza tomando el primer punto contado desde el borde es un modo muy eficaz de formar una base para el ribete. El ribete no envolverá la pieza y se creará una costura en la parte del revés.

## UTILIZANDO PUNTO ALTO

El modo más rápido de crear una base para el ribete es hacer una vuelta de medio punto alrededor de la pieza tomando el primer punto contado desde el borde. Como estos puntos rodearán la pieza es importante que se hagan con cuidado y que queden uniformes. Una vez acabada esta vuelta, podrá utilizarse como base para el ribete.

# PATRONES SENCILLOS PARA RIBETES

Los siguientes son ejemplos de diseños sencillos de ribetes. Todos son bastante fáciles de hacer con puntos de ganchillo básicos.

## RIBETE DE CONCHA

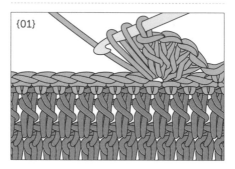

{01}

Para hacer este ribete asegúrese de que la vuelta de base es múltiplo de 6 + 1. Haga una cadena, dé la vuelta a la labor. Trabajando de derecha a izquierda, haga un medio punto en el primer punto. *Sáltese un punto; luego haga cinco puntos altos en el siguiente punto asegurándose de que los puntos no se superpongan.

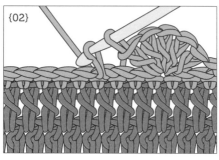

{02}

Sáltese dos puntos, haga un medio punto en el siguiente punto. Continúe repitiendo desde * hasta el final de la vuelta.

## Nota

Este ribete se hace sobre una vuelta de base de medio punto que se realiza primero alrededor de la pieza. Asegúrese de que el lado del derecho de la concha coincida con el lado del derecho de la pieza. Para ello deberá hacer la vuelta de base inicial con el lado del revés de la pieza mirando hacia usted.

Las conchas crean un ribete atractivo en las colchas infantiles (véase pág. 26); aquí están hechas sobre una base de puntadas de festón cosidas.

## RIBETE DE PICOT

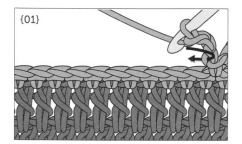

{01}

Para hacer este ribete asegúrese de que la vuelta de base es un múltiplo de 2. *Haga tres cadenetas. Introduzca la aguja por la parte posterior de la tercera cadeneta contando desde la posición de la aguja (la primera de las tres cadenetas que ha hecho) y haga un punto raso.

{02}

Haga tres cadenetas, sáltese un punto. Haga un punto raso en el siguiente punto y repita desde * hasta el final de la vuelta.

### 𝒩ota

Se trata de un ribete muy sencillo, pero efectivo, que se puede hacer con cualquier número de puntos de cadeneta entre los puntos de anclaje. Este ribete se crea sobre una vuelta de base, así que, al igual que en el caso del ribete de concha de la página anterior, tenga cuidado de que coincidan los lados del derecho de la pieza y del ribete.

Ribete de picot en el chal de la muñeca rusa de tamaño mediano (véase pág. 34)

## CREAR UN RIBETE DE GANCHILLO EN UNA PIEZA DE TELA

Puntos de costura como el de cadena o el punto de festón (véase pág. 135) ofrecen una buena base para un ribete de ganchillo.

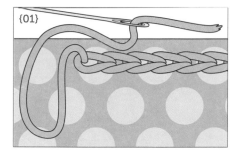

{01}

Asegúrese de que las puntadas de costura son regulares y similares en tamaño a los puntos de ganchillo que hará a continuación. Puede ser buena idea hacer una muestra de cadeneta con el hilo y la aguja elegidos para tener una idea del tamaño de la puntada.

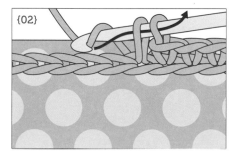

{02}

Para hacer el ribete, introduzca la aguja por la parte frontal a través de la puntada cosida.

# Ganchillo y bordado de superficie

Una pieza de ganchillo densa constituye una buena base para las puntadas de costura o bordados sencillos. Estos adornos aportan un toque personal que puede transformar una pieza simple de ganchillo en algo único. El ganchillo de superficie confiere además detalle a una pieza usando la aguja de ganchillo en lugar de la de coser.

## PUNTADAS DE COSTURA

Un punto de ganchillo apretado como el medio punto crea puntos uniformes con un diseño de cuadrícula; así, el tejido resultante se puede utilizar del mismo modo que el cañamazo. Para dar puntadas con aguja de coser, es buena idea emplear una aguja afilada y un hilo relativamente fuerte.

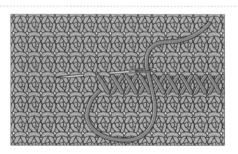

### PUNTO DE CRUZ

Usar punto de cruz sobre un fondo de ganchillo apretado puede ser un modo muy eficaz de dar un toque decorativo a una pieza de ganchillo. Puede que quiera hacer su propio diseño o seguir un patrón apropiado de punto de cruz.

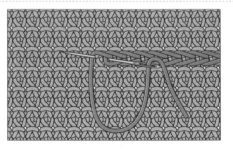

### PUNTO DE CADENETA

El punto de cadeneta con aguja de coser ofrece el mismo aspecto que una cadeneta de ganchillo, solo que está unida al tejido. Este punto es excelente para hacer contornos llamativos o rellenar formas bordadas. Se crea pasando el hilo alrededor de la aguja antes de completar la puntada.

## Nota

No todos los tipos de puntada son apropiados para usarlos en tejido de ganchillo. Los bordados muy densos pueden estirar el tejido y hacerlo rígido y poco manejable. Asegúrese de que el hilo que utilice para el bordado sea de la misma o similar composición que la del hilo que haya empleado para la labor; de lo contrario, podría dar problemas al lavar la pieza. Haga las puntadas con el lado del derecho de la labor mirando hacia usted.

# GANCHILLO DE SUPERFICIE

Las puntadas que se crean con ganchillo de superficie se parecen a las hechas con aguja de coser. Con un punto denso y robusto, como el medio punto, obtendrá una buena base para aplicar el ganchillo de superficie. Con este método, podrá hacer que los puntos vayan en cualquier dirección.

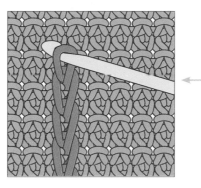

Usando un hilo que contraste, haga un nudo corredizo en la aguja de ganchillo. Introduzca la aguja por los espacios que hay entre los puntos. Sujete el hilo por el revés de la labor. Haga pasar el hilo alrededor de la aguja y el nudo corredizo hacia el derecho de la labor. Repita la misma operación haciendo pasar el hilo a través de la labor. Cuando termine el diseño, corte el hilo y métalo por el último punto para asegurarlo.

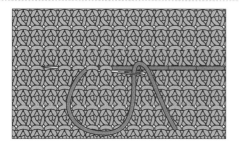

## PUNTO ATRÁS

Es otra puntada bastante común. Mucha gente la utiliza para unir piezas de ganchillo o de punto. Es útil para crear líneas y detalles de contorno.

## NUDO FRANCÉS

Los nudos franceses son perfectos para aportar un poco de relieve adicional a una pieza. Se pueden utilizar para detalles como los ojos de muñecos o los de otros juguetes de ganchillo.

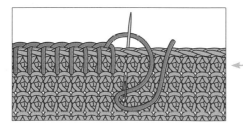

## PUNTO DE OJAL/FESTÓN

Este punto puede reforzar el borde de una pieza de ganchillo y reduce la probabilidad de que se rice. Se puede utilizar también como base para puntos de ganchillo en telas o tejidos de punto jersey (*véanse* las colchas infantiles, pág. 24).

# Rematar

Rematar constituye una parte muy importante del ganchillo y puede determinar muy significativamente la pieza final, así que tómese el tiempo de aprender algunas de las técnicas esenciales para lograr resultados profesionales. Para obtener información sobre costuras y técnicas para unir piezas, véanse las siguientes páginas.

## REMATAR Y ASEGURAR EL FINAL DE LOS HILOS

Una vez terminada la pieza, deberá rematarla para evitar que se deshilache. Al coser o entretejer el final del hilo, creará una pieza duradera y bien acabada.

### Nota

Es buena idea ir cosiendo los finales del hilo mientras trabaja. Así, la labor estará más pulcra, los puntos tendrán menos posibilidades de soltarse y no deberá enfrentarse a la ingente tarea de coserlos todos cuando acabe de tejer la pieza.

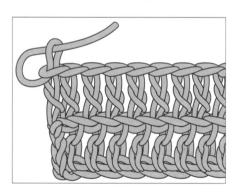

### ASEGURAR EL HILO AL HACER EL ÚLTIMO PUNTO

Una vez hecho el último punto de la pieza de ganchillo, saque el punto de la aguja y corte el hilo dejando una cola de unos 10 cm. Introduzca el extremo del hilo por el punto de atrás adelante. Tire del hilo para apretar el punto.

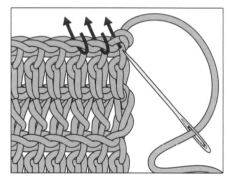

### COSER EL FINAL DEL HILO EN EL BORDE SUPERIOR

Enhebre el final del hilo en una aguja grande de tapicería y cosa por el lado del revés todos los puntos de la última vuelta de la pieza a lo largo de un tramo de unos 5 cm. Luego dé una puntada adicional en la parte posterior del último punto. Corte el hilo sobrante con cuidado de no hacerlo demasiado cerca del último punto.

# ESTIRAR LAS PIEZAS

Antes de coser las distintas piezas de ganchillo hay que prepararlas prendiéndoles alfileres para estirarlas, planchándolas con vapor o humedeciéndolas con agua fría, lo que dependerá de la composición del hilo.

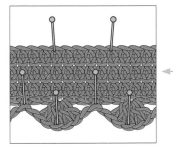

Podría ser necesario prender alfileres en la pieza si tiende a rizarse o si hace falta estirarla un poco para que alcance el tamaño o la forma adecuados. Antes de unir las piezas, prepárelas colocándolas con el lado del derecho mirando hacia abajo y asegurándolas con alfileres de cabeza grande. Si es preciso, ajuste la pieza final para que alcance las medidas correctas. Déjela secar sin que le dé la luz solar o una fuente de calor directamente y dele la vuelta de vez en cuando.

## *Nota*

Si se han hecho muchos motivos a lo largo de un periodo de tiempo, puede que sean de tamaños ligeramente diferentes debido a la distinta tensión que se aplica en cada momento. Estirar la pieza puede corregir estas variaciones menores. Cuando trabaje con muchos motivos que tengan que ser idénticos, trace una plantilla con un marcador a prueba de agua en un trozo de la tela y estire los motivos prendiéndolos con alfileres y utilizando la plantilla como guía.

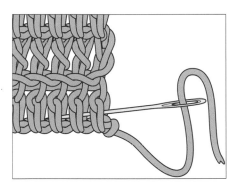

### COSER EL FINAL DEL HILO EN EL BORDE INFERIOR

Enhebre el final del hilo en una aguja grande de tapicería y cosa por el centro de todos los puntos de la primera vuelta de la pieza a lo largo de un tramo de unos 5 cm. Luego dé una puntada adicional en la parte posterior de un punto. Corte el hilo sobrante con cuidado de no hacerlo demasiado cerca del último punto.

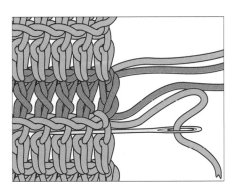

### COSER EL FINAL DEL HILO EN UN DISEÑO DE RAYAS

Trabaje poniendo en práctica uno de los dos métodos que se ilustran aquí, con cuidado de que los extremos del hilo no se vean por el lado del derecho de la labor.

## *Nota*

Para evitar tener que coser los finales de hilo, puede hacer la siguiente fila de ganchillo sobre la parte superior de un final de hilo atrapándolo dentro del punto.

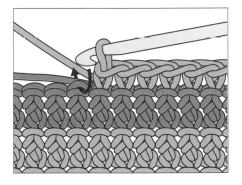

### TEJER ATRAPANDO LOS FINALES DE HILO

Trabaje hasta donde está la cola de hilo y prepárese para hacer el punto elegido. Sujete la cola de hilo en línea con la parte superior de la vuelta anterior, hacia la izquierda de los puntos que acaba de hacer. Introduzca la aguja en la posición del siguiente punto y por debajo de la cola de hilo. Complete el punto atrapando la cola de hilo. Repita a lo largo de unos 5 cm. Corte el hilo sobrante.

# COSER COSTURAS

Se puede usar una gran variedad de puntadas de costura para unir piezas. Cosa los extremos del hilo primero y prepare las piezas como se ha descrito en la página anterior, si es necesario, antes de unirlas. Cosa con una aguja de tapicería grande.

## Nota

Cuando trabaje con el lado del revés mirando hacia usted, no deje de comprobar con regularidad cómo van quedando las puntadas por el lado del derecho, por si hubiera cometido algún fallo. Para garantizar que la costura quede totalmente recta puede utilizar alfileres o marcadores.

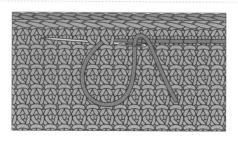

### COSTURA CON PUNTO ATRÁS

Sujete las piezas con los lados del derecho mirando hacia dentro. Haga una vuelta de punto atrás de derecha a izquierda asegurándose de que los puntos le queden en línea recta. La costura cosida puede estar a uno o dos puntos del borde, lo que mejor quede.

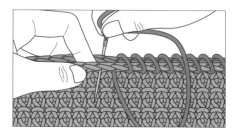

### COSTURA CON SOBRECOSIDO

Trate de mantener uniforme el tamaño de las puntadas si no quiere que se vea descuidado por el derecho. Sujete las dos piezas con los lados del derecho mirando hacia dentro. Ponga el dedo índice entre las dos piezas para abrir la costura y haga puntadas pequeñas alrededor de los dos bordes para unirlos. Donde sea posible, una punto por punto.

# COSTURAS DE GANCHILLO

Algunos puntos de ganchillo también se pueden usar para unir piezas de ganchillo una vez acabadas. El borde que se crea es firme y bien definido, como se observa en el cojín de motivos solares (*véase* págs. 48-51).

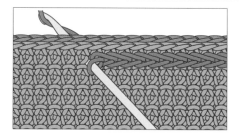

### COSTURA CON PUNTO RASO

Este es el equivalente en ganchillo a la puntada de cadeneta en costura. Sujete las piezas de ganchillo con los lados del derecho mirando hacia dentro. Haga una vuelta de puntos de derecha a izquierda introduciendo la aguja en cada punto y tomando el hilo, que deberá sujetar en la parte posterior de la labor; luego haga pasar el hilo a través del tejido para crear el punto raso. Asegúrese de que los puntos quedan en línea recta.

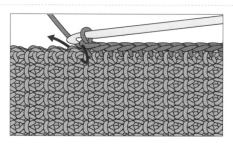

### PUNTO MEDIO EN UNA COSTURA LATERAL

Sujete las dos piezas con los lados del derecho mirando hacia dentro. Ponga el dedo índice entre las dos piezas para abrir la costura. Introduzca la aguja por un punto de la pieza delantera y luego a través del punto correspondiente de la pieza de atrás. Haga pasar el hilo desde atrás hacia delante y complete un punto. Donde sea posible, una punto por punto.

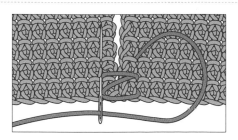

## COSTURA CON PUNTO COLCHONERO

Esta costura casi invisible se hace con las piezas puestas sobre una superficie plana y boca arriba. No empiece a coser justo en el comienzo de la costura; deje unas pocas vueltas o puntos desde el borde. Deje también una cola de hilo larga al principio para utilizarla al rematar la primera sección de la costura una vez que esté completada la mayor parte de la misma.

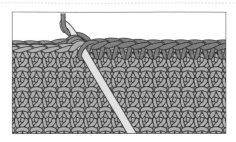

## PUNTO MEDIO EN UNA COSTURA SUPERIOR

Hacer ganchillo a lo largo de la costura superior es rápido y fácil; donde sea posible, una punto por punto. Si las piezas tienen recuentos de puntos distintos, haga disminuciones introduciendo puntos en el mismo sitio, si es necesario. Sujete las piezas de ganchillo con el lado del derecho mirando hacia dentro y con las costuras superiores paralelas entre sí. Coloque el

Coloque las piezas sobre una superficie plana y con el lado del derecho hacia arriba. Empiece a un punto del borde de la pieza izquierda. Introduzca la aguja desde delante hacia atrás a aproximadamente cuatro vueltas o puntos de la parte inferior de la costura. Saque la aguja por delante a través del siguiente punto. Meta la aguja en el punto correspondiente de la pieza derecha desde delante hacia atrás y luego sáquela por delante a través del siguiente punto. Meta la aguja por delante en el punto de la pieza izquierda por donde sale el hilo de la puntada anterior. Saque de nuevo la aguja por delante a través del siguiente punto. Repita la operación y tire del hilo después de dar algunas puntadas.

## *Nota*

A menudo su patrón de ganchillo especificará qué tipo de costura usar, pero no siempre será así. Se ha de experimentar con distintos tipos. A veces querrá una costura casi invisible, pero algunos proyectos se adaptarán a otra costura más evidente y definida.

dedo índice entre las dos piezas para abrir la costura. Introduzca la aguja a través de un punto de la pieza delantera y del punto correspondiente de la pieza trasera. Saque el hilo hacia fuera con la aguja y complete un punto.

# UNIR CÍRCULOS Y BLOQUES

Cuando una motivos, algunas técnicas específicas le permitirán obtener mejores resultados.

## UNIR MOTIVOS CIRCULARES

Como los motivos circulares —o los que tienen bordes muy curvados— carecen de lados rectos, no son tan fáciles de unir como los que tienen formas angulares del tipo de los cuadrados o triángulos. El mejor modo de unir formas circulares consiste en dar unas pocas puntadas con aguja e hilo a juego justo donde se tocan.

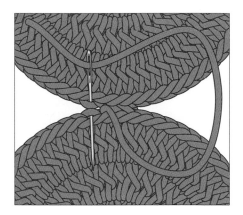

## *Nota*

Si al unir los círculos se distorsiona un poco su forma, trate de reconstituirla usando alfileres, planchando o aplicando humedad, tal y como se describe en la página 137.

## UNIR CUATRO MOTIVOS CUADRADOS COSIÉNDOLOS

Para realizar una unión limpia, dé las puntadas tomando solo un punto. Si quiere que la costura sea más fuerte, tome dos puntos.

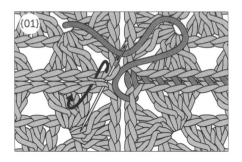

Una los primeros dos bloques con la puntada de costura que prefiera. Acople otros dos bloques. Introduzca la aguja de coser por el primer punto de los dos bloques para unir los cuatro. Continúe cosiendo de este modo hasta el final.

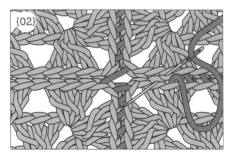

Dé la vuelta a la labor para que la costura abierta quede en posición horizontal. Utilice la puntada elegida para trabajar a lo largo de esta costura hasta el final.

## UNIR CUATRO MOTIVOS CUADRADOS CON PUNTO RASO

El punto raso se puede convertir en un detalle bonito de la labor si lo realiza con un color que contraste.

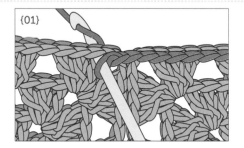

Una los dos primeros bloques utilizando punto raso. Acople otros dos bloques. Introduzca la aguja por el primer punto de los dos bloques para unir los cuatro. Continúe tejiendo de este modo hasta el final.

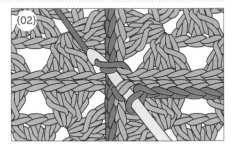

Dé la vuelta a la labor para que la costura abierta quede en posición horizontal. Utilice el punto elegido para trabajar a lo largo de esta costura hasta el final. En el lugar donde se juntan los bloques, lleve el hilo a través de la cresta que forma la costura y tire suavemente para hacer un punto fuerte y apretado.

## UNIR MOTIVOS A MEDIDA QUE SE TEJE

En función del motivo elegido, puede ser posible unir las piezas de ganchillo entre sí al acabar la última vuelta de cada una de ellas. Es buena idea juntar los motivos primero en largas tiras que después pueden unirse unas a otras con una nueva vuelta.

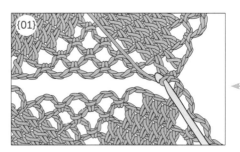

Complete un motivo. Haga el segundo motivo hasta llegar a la última vuelta. Trabaje según el patrón por un lado del motivo. En la esquina, alinee el primer motivo con el segundo y haga un punto en el espacio de la esquina de los dos motivos a la vez.

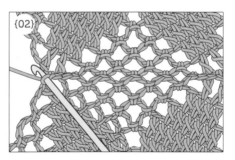

Trabaje tal como indique el patrón alrededor del segundo motivo realizando puntos de unión con áreas de cadeneta entre medias, donde sea posible, para unir los dos motivos.

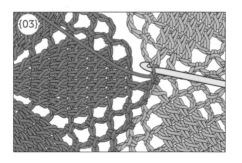

Acabe la última vuelta del segundo motivo. Una más motivos del mismo modo.

## PONER BOTONES

Elija los botones antes de empezar a hacer los ojales o las presillas para que estos se adapten a los primeros, en lugar de lo contrario. Después de hacer el primero, compruebe que el botón encaja correctamente antes de hacer más; si no es así, ajuste el tamaño. Puede que no sea necesario rehacer un ojal o una presilla que queden algo justos, pues suelen darse un poco. Si quedan demasiado flojos, puede dar una puntada en un extremo.

Una presilla puede ser una buena alternativa a un ojal, como se observa en la funda del iPad (*véanse* págs. 70-72).

## HACER UN OJAL EN UNA PIEZA DE GANCHILLO

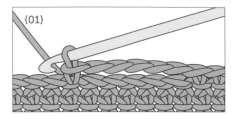

{01}

Trabaje hasta la posición donde deba ir el ojal. Decida cuántos puntos saltarse y cree una cadeneta de la misma longitud. Asegure la cadeneta haciendo un punto en el siguiente punto. Continúe haciendo la vuelta y más cadenetas en los lugares donde vayan los siguientes ojales.

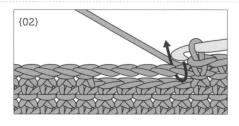

{02}

En la siguiente vuelta, haga puntos alrededor de la cadeneta que tejió en la vuelta anterior. Haga el mismo número de puntos alrededor de la cadeneta que los que tiene la misma.

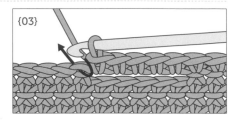

{03}

Al final de la cadeneta, haga un punto en el siguiente punto de la vuelta. Continúe tejiendo la vuelta y haciendo puntos en los espacios de cada cadeneta de la vuelta anterior.

## HACER PRESILLAS PARA BOTONES

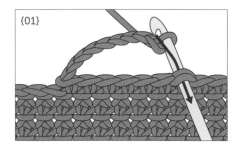

{01}

Con el lado del revés mirando hacia usted, trabaje hasta la posición donde debe ir la presilla. Coloque un marcador de puntos en el último punto y luego haga unos pocos puntos más. Cree una cadeneta lo bastante larga como para quepa el botón sin olvidar que la presilla se dará ligeramente de sí. Saque el punto de la aguja y introdúzcala por el punto marcado de delante atrás. Vuelva a colocar el punto en la aguja y sáquelo por el punto por donde ha introducido la aguja.

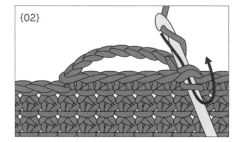

{02}

Vuelva a meter la aguja por el mismo punto. Pase el hilo alrededor de la aguja y sáquelo por delante.

### Nota

Las ilustraciones muestran cómo hacer una presilla horizontal. También es posible hacer una vertical, como la de la funda del iPad (*véanse* págs. 70-72).

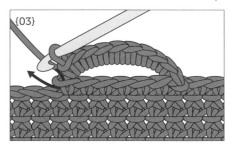

{03}

Haga suficientes puntos alrededor de la cadeneta como para cubrir la presilla. Cree el último punto de la presilla en el punto de la base de la cadeneta, tal y como muestra la flecha de la ilustración.

{04}

Introdúzca la aguja por el siguiente punto, después de la presilla, y continúe trabajando la vuelta y haciendo presillas donde corresponda.

# ÍNDICE

## BLUME

Título original:
*Mollie Makes Crochet*

**Traducción:**
Teresa Jarrín Rodríguez

**Fotografía:**
Rachel Whiting

**Revisión técnica de la edición en lengua española:**
Isabel Jordana Barón
Profesora de Moda
Escola de la Dona, Barcelona

**Coordinación de la edición en lengua española:**
Cristina Rodríguez Fischer

*Primera edición en lengua española 2014*

© 2014 Naturart, S.A. Editado por Blume
Av. Mare de Déu de Lorda, 20
08034 Barcelona
Tel. 93 205 40 00  Fax 93 205 14 41
e-mail: info@blume.net
© 2013 Collins & Brown, Londres
(Anova Books Company Ltd.)

I.S.B.N.: 978-84-15317-91-3

Impreso en China

Puede obtener
más información sobre
Mollie Makes en
www.molliemakes.com

## AGRADECIMIENTOS DEL EDITOR

Este libro no habría sido posible sin la participación de
todas nuestras fantásticas y talentosas colaboradoras.
También queremos dar las gracias a Cheryl Brown,
que ha hecho un trabajo espléndido para aunarlo todo;
a Nicola Hodgson, por su meticulosa revisión; y a
Sophie Martin, por su trabajo de diseño. Agradecemos
igualmente a Kuo Kang Chen sus excelentes ilustraciones,
y a Rachel Whiting, su fotografía. Queremos expresar
un agradecimiento especial a Jane Crowfoot, sin cuya
aportación este libro no habría sido posible. Y, por
supuesto, damos las gracias por toda la ayuda prestada
al fantástico equipo de Mollie Makes, en particular,
a Jane Toft, Lara Watson y Katherine Raderecht.